JN087994

これからの

オフィスワークマネジメント

Office Work Management

働き方改革からテレワークそしてDXへ!

宮﨑 敬［著］
株式会社オフィスソリューション代表取締役

近代セールス社

はじめに

オフィスワークは私たちの生活やあらゆる事業活動の中で普遍的に存在しながら重要な機能を果たしている仕事です。銀行に預けているお金の残高や取引状況を知るには通帳や移動明細などの情報が必要で、それらを作成、送付する仕事がオフィスワークです。また、社内で受け取る給与明細や源泉徴収票もオフィスワークの産物です。このように、私たちは毎日オフィスワークのお世話になっていますが、一方でそのマネジメントに関して体系的に書かれた書籍は極めて少ないのが現状です。

筆者は長年にわたり信託銀行の事務関連部署で仕事をする中で、「事務ミスと残業をなくし、社員が仕事にやりがいを感じる状態をつくるにはどうすればいいのか？」と自らに問い続けてきました。そして2016年の独立後は、マネジメント経験と研究成果に裏付けられたノウハウを「オフィスに笑顔、お客さまの満足、そして経営の未来をつくる」というコンセプトで、研修やコンサルテーションを通じて提供してきました。

これまで、失敗学、リスクセンス、経営工学、品質管理などの研究グループに参加し、他業種の取組事例を参考にしながらオフィスワークマネジメントに必要な考え方や手法を学んできました。モノづくりの方々からは、工程管理を中心にたくさんのことを教えていただきました。また、医療やシステム分野の方々との情報交換はオフィスワークに共通するテーマも多く、大変有益であったと実感しています。

本書は、これらの研究成果を含め、筆者のノウハウのすべてを出し惜しみすることなく提供する集大成版として執筆しました。近代セールス社からこれまで出版した「事務ミスを防ぐ知恵と技術」（2009年）と「事務のプロはこうして育てる」（2013年）のポイントを統合し、さらに、働き方改革、RPA（いわゆる事務ロボット）導入、感染症対策に伴う在宅勤務拡大等の新しい課題にどのように活用できるのかについても扱っています。そして、本書で伝えている基本や原理原則を身に付ければ、これから出現する新たな変化にも対応できることをご理解いただけると思います。今後のオフィスワークは、既存の業務システムやエクセルマクロに加え、ＲＰＡやＡＩを活用しながら、人間と機械の協働作業で信頼性、利便性、迅速性を目指して進化すると考えられます。日々の業務を確実に進めながら新しい課題に積極的にチャレンジするために、ぜひ本書をご活用いただければ幸いです。

本書は、「オフィスワーク」を「 情報の加工と連携でサービスまたは成果物を提供する仕事」と定義した上で、「人間を知り、仕事を知り、改善の手順と手法を学び、日々の実践を通じて人と組織をつくる」というコンセプトで書かれています。じっくり取り組む方は、まず序章を読んで問題意識を明確にし、第1章から順番に読み進め、終章であるべき姿をイメージすることをお奨めします。また、目前の課題に急いで対応する必要がある方は、目次を参考に第１章～第６章から必要な章を選んで実践にご活用ください。

最後に、本書発刊に至るまでには数多くの方々のご協力、ご指導、ご支援がありましたことを心から御礼申し上げる次第です。近代セールス社の大内氏は、2007年のバンクビジネス連載を皮切りに長年にわたりこのテーマをご支援いただき、今回３冊目の上梓を実現していただきました。また、弊社のクライアント企業様、研究会のメンバーとのディスカッションの中で、多くの情報と示唆をいただきました。そして、バーチャルオフィス体制での私の活動を完全在宅勤務体制で支えてくれた妻の理解と協力に感謝します。

2021年1月　長野県軽井沢にて

宮﨑　敬

これからの
オフィスワーク
マネジメント

Office Work Management

目次

序章

第3章 オフィスワーク改善の手順と手法

第3節：手順書作成後のメンテナンス

第4節：オフィスワークの品質管理

第5節：オフィスワークの生産性向上

第5章 組織を活性化し人を育てる

第1節：失敗から学びリスクセンスを磨く

第2節：改善の土台は健全で前向きな組織

序 章

A社ものがたり

1　残業の大幅削減がもたらしたもの

中堅金融機関Ａ銀行（以下「Ａ社」）では一昨年から残業の大幅削減という方針が出され、ここＸ支店でも大崎支店長をはじめ管理職からは「18時退社のために頑張ろう」と号令がかかっています。元々日中はかなり忙しく、特にボーナスシーズンは近隣のオフィスからのお客さまが昼休み時間帯に集中し、窓口担当はトイレに行くのも難しいほどです。

投資商品が増える中でお客さまへの説明事項や確認事項が増えたため、18時までに仕事を終わらせるのは相当の集中力を要する状態です。一方、かつては19時くらいまでの残業は当たり前だったので、以前よりも早く帰宅できることは皆喜んでいます。買い物、フィットネスクラブ、英会話など、プライベートの時間確保には効果が出ています。

しかし、最近はお客さまからのクレームや事務ミスが徐々に増えてきたのも事実です。外回りの営業担当から渡されたお客さまからの個別指示を見落とし、手続き終了後の通帳を店頭でお渡しを希望のお客さまに誤って郵送扱いにしたため、受取人不在で戻るなど手違いが増えています。また、お客さまからの急ぎの依頼にもかかわらず、事務担当者に情報が伝わらずクレームになったケースもあります。

残念なことですが、お客さまのニーズに十分に応えられていない場面が増えています。担当者の中には、ルール通り18時に退社後、自宅で「あれ確認したかな？」とか「営業担当に伝えるのを忘れたかも？」など、いろいろと気になることが頭に浮かぶ人も増えているようです。かつては自分自身が納得いくまで確認し、また、気になることがあれば互いに声をかけ合うなど、念には念を入れながら仕事をしていましたが、現在では残業削減が優先される結果、いつの間にかキメ細かな確認をせずに、スピードアップして進めるスタイルが根付いています。

本部への確認が必要なケースで時間がかかる、営業担当者によってやり方が異なるために確認が必要など、スッキリしない問題に手をつけられていないため、無理が生じていると感じる人も増えています。

2 ある日の涙の朝礼

Ａ社では本部の方針で「ミス、クレーム撲滅運動」を展開しています。他社との競争が激しさを増す中、金融機関は商品内容での差別化には限界があるため、感じの良い接客、親身な説明などのサービス向上の重要性が増しています。そして、その第一歩は何といってもミスやクレームなどのマイナス面をなくすということで、今期から特に力を入れて取り組んでいます。

Ｘ支店では、「ミスやクレームが起きるのは、当事者に責任感が足り

ないからだ」というムードになっています。朝礼では、支店長からも「緊張感を持って仕事をしましょう」と再三メッセージが出されています。大崎支店長はリスク管理部の経験もあり、この面では大変厳しい人で、ミスやクレームが銀行に大きな影響を及ぼすことを課長会で指摘しています。渋谷課長は温厚ですが、最近はミスやクレームが起きると以前よりも険しい表情を見せることが多くなりました。

先日も朝礼で、前日に起きたミスについての話がありました。「いつも皆さんには確認の励行をお願いしていますが、昨日、不注意によるミスが発生し大変残念です」と、お咎めがありました。全員、立ったままの姿勢で目線を落とし、沈黙が続きます。さらに課長から「当事者の大久保さん、ここで皆さんに迷惑をかけたお詫びを含め、一言お願いします」との指示があり、全員の目線が恐る恐る大久保さんに注がれます。大久保さんはハンカチで目頭を押さえながら、「昨日は…私の不注意でお客さま、そして皆さんにご迷惑をかけ、申し訳ございませんでした。今後は…決してこのようなことがないよう…」ここまで言い終えたところで、大久保さんの肩が小刻みに震え、この先の言葉は聴き取れないくらい声が上ずっていました。

その日の夕方、また全員が集められ、「今後、この作業については担当者の作業を別の担当者がチェックし、さらにリーダーと課長が確認する」というルールが課長から言い渡されました。従来は別の担当者による1回のチェックだけでよかったのですが、この方式により、さらに2人のチェックが加わったことになります。その結果、仕事の進みが悪くなり、締切時間を過ぎてしまうケースも出てきました。リーダーはいつも忙しそうですし、課長は支店長との打ち合わせ等で離席していることも多く、戻るのを待って確認をお願いしなければなりません。取引処理の完了が1日遅れたために、お客さまからクレームとなったケースも出ています。何とかお客さまには迷惑をかけまいと、特別残業の申請をして溜まった処理をこなす日も出てきました。

勤務歴の長いスタッフの大塚さんは、「このミスは以前にも繁忙期には続いて起きていましたよ。またか、という感じ」とため息をつきながら独り言をつぶやいていました。

3 頼りにしていたベテラン社員の退職

ここはA社の事務集中部です。銀行全体の業務効率化を図るため、各支店で受け付けた取引に関する事務作業を集中的に処理しています。全体で50人ほどの規模で、約半数を占める正社員の他、派遣スタッフやアルバイトも働いています。

定型的な仕事はホストコンピュータシステムで処理されますが、非定型の特殊処理はサブシステムやエクセルシートなどを活用しながら手作業で行われています。顧客満足度、コンプライアンスの両面から業務が評価されるため、関係本部への報告資料も年々増加しています。日常業務の中で係数を集計しながら決められた様式へ反映させていく仕事は負担が大きく、習得するまでにはかなりの時間を要しています。

また、本部から出されている「ミス、クレーム撲滅運動」は、特にこの事務集中部への期待が大きいところです。朝礼では、「今日もミスゼロで頑張りましょう！」と元気よく号令がかかりますが、実際には「ゼロ」にするのは難しいものです。特殊処理についてお客さまから個別の依頼内容が正しく伝わっていない、または、そもそもお客さまの希望が正確に確認できていないこともクレームの原因となっています。

正社員の中心メンバーは、支店での事務経験の長いベテランや中堅です。事務処理はもちろんのこと、業務全般に精通しており、上司からの期待は大きく、また若手やスタッフからも頼りにされています。しかし、ベテラン社員の中には定年で退職する人や、両親の介護等の理由でやむなく早期退職する人も出ています。介護休暇制度はあるものの、業務の実態からはなかなか思うように取得できない状況です。

さらに、最近は「ミス、クレーム撲滅運動」に注力する結果、些細なミスでも当事者の責任が問われるケースが増えています。責任感の強いベテランの精神的な負担が大きくなっていることも、早期退職に微妙に影響しているようです。また、中堅クラスの優秀な社員は、人事異動で支店の窓口業務に転出することもあります。「窓口は大変だから事務センターに残りたい」と希望する人もいますが、なかなか思い通りにはならないようです。

ベテランの退職や中堅の転出があっても、最近は営業強化の方針の下、必ずしも補充されるとは限りません。従来であれば残業で乗り切るところですが、18時までの退社が原則となった現在は、日中の密度を上げることに注力しています。

ベテランや中堅クラスを送り出した後には、いろいろなことが起きるものです。後任が仕事の引継ぎを受ける際、先人たちの知恵がびっしりと書かれたノートが置き土産として残されます。「あ、先輩の目黒さんはこんなこともやっていたんだ！」と改めて敬服することも度々あります。一方で、そこには書かれていないポイントを後任者が理解できず、ミスやその一歩手前のやり直しが発生することもあります。それでも、ノートがあるから助かりますが、綱渡り状態が続くと後任者のストレスは高まっていきます。これまで、部内の打ち合わせで「手順書の整備」の必要性が意見として出ることもありましたが、新商品や制度改正の対応に追われ、残念ながらお題目だけで時間が過ぎていました。

第2節

本書のねらい

1 ミス・トラブル防止、残業削減に必要な考え方

ミスやトラブルを防ぎ、しかも残業せずに仕事を進めるためには、それに必要な分析と検討を経た具体的な対応が必要です。仕事の主体である人間にはどういう習性があり、また、対象である仕事にはどんな特徴があるのかを、よく理解しておく必要があります。その上で、ミスやトラブルはどうして起きたのか、何が原因で、有効な対策は何かについての分析と検討を行います。また、残業についても同様で、定時に仕事を終えられない理由とそれを解決する具体策を十分に検討し、確実に実行する必要があります。

これらのことは「当たり前」なのですが、現実はどうでしょうか。「ミスが起きないよう、気を引き締めて仕事をしよう」「今日は早帰りの日だから気合いで頑張ろう」などという光景を見かけます。確かに同じ仕事でも気持ちの持ち方次第で結果は大きく違ってきます。特に本書のテーマであるオフィスワークは、仕事における人間の判断やコミュニケーションのウエイトが高いことから、当事者の姿勢の持ち方が大きく影

響することは間違いありません。

しかし、残念ながら根性や気合いだけでは問題は解決しません。「注意喚起」や「厳重注意」だけでは再発防止は望めませんし、「定時退社」の号令だけが強く出されると、仕事の持ち帰りで帳尻を合わせるようなことも起きかねません。主役である人間と対象である仕事を科学的に分析した上で、実務的に有効な方法を選択することにより問題の解決と定着化が可能となるのです。

一方で、その具体的で体系的な方法を知ろうとすると、とても苦労するものです。筆者が信託銀行の事務センター長を務めていたとき、役員室から「しっかりやってくれないと困る」と度々注文が来ました。そこで、どうやればできるかについて、ワラをもつかむ思いでいろいろ調べてみましたが、具体的な情報が見当たらないので大変苦労しました。

その頃、失敗について研究した研究会とその報告書の存在をネット検索で発見し、とても励まされました(*1)。さらに失敗を研究するグループ(*2)に参加して、製造業などの他業種の知恵を学びながら、それを事務ミス防止に活用することを考え、自分の現場で実践し、手応えを感じてきました。この成果を「事務学」としてまとめて社内で活用し、また近代セールス社からの２冊の書籍出版(*3)を通じて多くの方々に活用いただけたことは幸いでした。

本書は、これまでに筆者が著書、研修、コンサルテーションなどを通じて提供してきた内容に、さらにテレワークやＲＰＡ（Robotic Process Automation）などの新しいテーマについても視野に入れてまとめたものです。筆者が長年仕事をした金融機関はもとより、広くオフィスワークに携わる方々に活用いただける内容としました。ぜひ、本書で考え方を学び、その中から自身の仕事で使えるものを選んで一つ、二つと実践を積み重ねてください。また、その中で感じた疑問やアイディアについては、関係者で共有し、ディスカッションしながら次の実践に結び付けることをお勧めします。

このような地道な取組みを重ねながら、らせん階段を上るように改善と人材育成を実現することが理想の姿です。そして、経営者、現場管理者、実務者の方々の相互の「共通言語」として本書を活用いただければ、より効果が増すと考えます。

実感を伴ってポイントを理解いただけるよう、序章の第１節では仮想事例（「Ａ社ものがたり」）を紹介しています。中堅金融機関を想定して状況を設定しましたが、ここでスポットが当てられた事象は、広くオフィスワークと取り組む職場では共通して起きるケースと考えられます。ぜひ、自身の置かれた状況やこれまでの体験に重ね合わせて読んでみてください。また、本書の解説の中では、折に触れてこの仮想事例の事象と関連付けて説明し、実務で起きる問題解決のヒントとなるよう工夫しましたのでご活用ください。

1　事務の集中化、機械化の進展で求められる課題

オフィスワークでは正確性と並んで、効率化やコストダウンが求められています。金融機関の場合は、商品性のみならず「売る力」の増強と経費削減が競争力の源泉となることから、事務の効率化が長年にわたり重要な課題となっています。また、最近では働き方改革への取組みの一環として残業削減が重要な課題になっています。

これらの課題を達成するために、各支店が行う事務作業を専門のセンターに集中する方法が活用されています。さらに、集中化した業務を外注できれば、自社で設備や雇用の負担を負わずに済むので、コストダウンと効率的な資源活用が期待できます。また、コンピュータシステムなどを活用した機械化は業務効率化に大きな効果を発揮し、最近ではＲＰＡなど小回りのきくツールの導入も増えています。今後、人工知能（Ａ

I）の活用範囲が広がれば、効率化やコストダウンが大幅に進むと思われます。

事務の集中化、機械化が進むと、「事務のことはセンターや機械に任せておけばよい」と考える人が増えてきます。人材の面でも、従来事務的な仕事に従事していた人を、営業や企画などの新しい価値を生む部門に異動して活用することが可能です。また、それに伴い育成や教育の面でも「事務」関連のウエイトがますます低下していく可能性があります。

それでは、今後はこの変化に身を委ねてもいいのでしょうか。センターや機械に任せておけば日常の仕事はどんどん進みますが、中が見えない状態となります。いわゆる“ブラックボックス化”です。この状態では、何か問題が起きたときや新しいことに取り組む際、混乱が起きるリスクが高まります。外注化すると、問題の所在が外部に移るため、ますます困難な状況となりかねません。

実は、金融機関の歴史を振り返ると、これと同じような変化がすでに過去に起きていることに気付きます。昔の銀行はソロバンで計算した数字を伝票に手書きしていましたが、1970年代以降は大規模なシステム化が進められた結果、手作業が大幅に減り、正確性、迅速性、効率性の面で格段に進歩しました。その結果、業務全体における「事務」のウエイトは相対的に縮小し、それに伴い「銀行事務」についての文献も次第に少なくなるという傾向が見られました。

しかし、システム導入が進んでも人間が処理しなければならない仕事は多く残されています。また、業務全体を見渡すと、営業の担当者もお客さまへの依頼書の記入の説明、事務担当向けの連絡書類作成など、さまざまな「事務」を担っています。したがって、これらの仕事を適切に管理できる知識、技術、体制が整っていないためにミスやトラブルが発生するという現実がありました。

「歴史は繰り返す」という言葉がありますが、私たちの仕事の中でこのようなことを繰り返さないためには、サービス提供に関する業務全体の流れを見渡し、前項で説明した視点からマネジメントを行う体制を作り人材を育てる必要があります。さらに最近では、テレワーク、特に在宅勤務と交代出社の組み合わせを実施した場合でも業務品質と効率性を維持する、という新しいテーマが急浮上しており、ますます本格的に取り組む必要があると考えられます。

本書では、これらの「古くて新しい問題」と「これからの時代の問題」の双方に取り組めるよう解説しています。

3 オフィスワークに求められる人材の育成方法

ミスやトラブルの発生を防ぐためには、科学的なアプローチと時代の変化の本質を見据えた体制づくりが必要です。そして、これらを可能にするカギは「人材育成」です。

仕事の適性という観点から「ふさわしい人を採用、配属すれば済む」と考える方もいるかもしれません。しかし、いきなり本書で説明する要件を兼ね備えた人材を期待するのは、極めて難しいことです。単に「慎重である」「根気がある」「暗算が得意」などの要素だけで選別するのでは不十分だからです。また、「習うより慣れろ」という言葉がありますが、慣れるのを待っているうちに次々と問題が起きるのが現実ではないでしょうか。

「慣れ」だけで期待する要件を身に付けることは困難です。また、組織には人事異動がありますから、いかなる場合でも着任した人材に期待される機能を発揮してもらう必要があります。そのためには、どのような人材になって欲しいのか、どのように育成すれば実現するのか、などを明確にしておく必要があります。

具体的には、オフィスワークマネジメントに必要な知識と技術を身に付け、日々の実務の中で実践できる人材を育てる必要があります。本書で説明する知識や技術は、筆者のこれまでの研究に基づき体系的にまとめたものです。また、筆者は長年にわたりオフィスワークのマネジメントを経験していますので、できる限り「現場」を意識して説明しました。したがって、本書に書かれている原理・原則を実務の中で体得しながら、異例処理、トラブル対応、新規案件の場面でも有効な選択、対応ができることを目指してください。また、オフィス業務は努力の成果が具体的に確認しづらい、または実を結ぶまでに時間を要することも多いので、育成にあたっての運営を工夫する必要もあります。

そして最も重要なことは、この人材育成を含めオフィスワークマネジメントの土台は、組織が健全で前向きな状態であるという点です。この問題も含めて可能な限り具体的なポイントを説明しますので、ぜひご活用ください。

第3節

オフィスワークマネジメントのコンセプト

1 人間を知り、仕事を知る

仕事の中で起きるミスやトラブルを防ぎ、さらに質を高めて改善するためには、大きく２つのことが必要です。一つ目は仕事の主体である人間について謙虚に知るということ、そして二つ目は対象としてのオフィスワークの特徴やリスクを正確に知る、ということです。

「事務は複雑な仕事ではないので、そんなに大げさに考える必要はないのでは？」と感じる方もいるかもしれません。しかし、「事務とはどういう仕事ですか？」と問われて、スラスラと明快に説明できる人は少ないのではないでしょうか。また、不本意なミスや勘違いはだれしも体験したことがあるのではないでしょうか。この例からも、オフィスワークを確実にマネジメントしていくためには、先ほどの２つのポイントをしっかりと押さえる必要性を理解していただけると思います。

昔の中国の軍事思想家である孫武が書いた兵法が有名な「孫子の兵法」です。それまで、戦争に勝てるかどうかは「天運」に左右されると考えられていましたが、孫武は「勝つための方法」を科学的に説いたのです。この中に「己を知り敵を知れば百戦危うからず」という教えがあります。戦争に勝つためには味方と敵の両方について良く知ることが必要という意味です。オフィスワークは「敵」ではありませんが、「対象」を置き換えた上で、この教えを応用して考えることができます。

冒頭の第１節で紹介した「Ａ社ものがたり」では、仕事上のミスを防止するために「責任感」と「緊張感」で乗り切ろうとしましたが、うまくいかないのでチェックを多重化する対策を実施したところ、仕事の遅れという別の問題を生んでいます。起きている問題に対して、気合と決め打ちの対策で乗り切ろうとして失敗しています。これを教訓に、本書ではあるべき姿を皆さんと一緒に確認していきたいと思います。

人間は大きな可能性を持ち、発明や芸術などの場面で素晴らしい能力を発揮していますが、一方で苦手なこともたくさんあります。また、事務などのオフィスワークは、仕事の「姿」が見えにくい部分をたくさん持っています。したがって、本書ではこれらの問題にメスを入れながら、改善の進め方を具体的にお伝えしたいと思います。

2　サービス提供のプロセス全体を俯瞰する

本書のテーマはオフィスワークです。「事務」はその中の代表的な仕事ですが、より視野を広げて対象をとらえる必要があることから、「オフィスワーク」という用語を使っています。詳しい定義や分析は第２章に譲りますが、ここではおよそのイメージをつかんでください。

オフィスワークの入口は情報です。出口のアウトプットはホテルや飛行機の予約などのサービスや、それらに関連する報告書などの成果物です。金融機関の仕事で具体的に見てみましょう。店頭の営業担当者が来店したお客さまの希望を聞いて商品を提案し、申込依頼書などの必要書類を書いてもらい、該当の金融商品に関する説明を行った上で、資料を渡します。次に、その依頼書に基づき買付けや売却の手続きを行い、後日、取引報告や預かった通帳類を郵送でお客さまに返却します。さらに、その金融商品の運用状況等に関する情報や、確定申告等の税務関連の報告書を定期的に事務センターから送ります。

「受付」「入力」「郵送」などのそれぞれの処理で扱う情報を正しく受け継ぎながら一連のサービスとして提供することにより、お客さまのニーズが満たされます。このことは社内サービスについても同様です。入社から退職までの人事上のイベントに合わせて手続きが進められ、人事部、企業年金基金、健康保険組合、経理など複数の機能が連携して給与の支払い、年金や健保に関するサービス提供が行われます。

事務は「端末入力」「登録確認」「郵送」などの定型化された作業の場面だけに目が行き、その結果がどのように利用されているのかが見えにくいものです。しかし、その一つひとつがサービスや成果物を提供するために必要な工程なのです。このことをしっかり理解できているか、見えているかが仕事のやりがいや取組み方の違いに影響します。

一般的に仕事は企画、営業、事務、管理などの機能（組織）に分かれていますが、それらが連携することによりサービス提供の目的を達成することができます。しかし、その連携は直接見えにくいため、全体を俯瞰する問題意識と実務上の工夫が必要です。「言われたことだけ正確にできればいい」という姿勢では不十分で、「自分の仕事の結果は最終的にどう利用されているか？」「自分の仕事はどこのセクション（または担当）とつながっているのか？」を考えながら仕事をします。そのためには、これを見える状態にして関係者で共有することが必要です。

先ほど「工程」という言葉を使いました。モノづくりではお馴染みですが、オフィスワークではあまりお目にかからないかもしれません。しかし、この「仕事が複数の工程で成り立っている」という認識が、改善や管理のために重要な意味を持っています。その具体的な方法は第３章で詳しく説明します。

3 オフィスワーク改善の取組み

オフィスワークマネジメントにおいて最も重要なことは、これまで説明した考え方に基づいた取組みを続けるための、個人と組織の体質を作ることです。この体質とは、具体的には組織のあり方と人の育成で決まります。

会社などの組織は、経営課題の達成や問題解決のために目標を掲げ、ルールを作り、それらを周知するために研修などを行っています。しかし、それらを根付かせて効果を持続させてはじめて目的が達成されます。そしてそれを可能にするのが組織の健全性です。

これがいかに重要かは、ビジネスの世界全体を見渡すと見えてきます。製造業では品質偽装や不正検査が大きな問題となりましたが、この中には、残念ながら同じような問題を繰り返し起こしている例も見られました。公表されている報告書等を読むと、これらの企業では、「現場が意見を具申しづらい風土」があったこことが指摘されています。

これに対し、厳しい市況の変化に対して常に先を見て戦略を立て、また現場での日々の改善運動により競争に勝ち続けている企業もあります。

そこには、勝ち続けるための組織としての遺伝子が備わっていると考えられます。トップの考え方や姿勢が大きく影響しますが、それを受けて組織全体が間違いに気付き、軌道修正できる体質を持つことが求められます。

オフィスワークにおいても、法令を守り、ミスやトラブルを防ぐためにルールを定めて仕事をしています。またコンプライアンス研修なども盛んに行われています。そして前向きな職場では業務改善の取組みも行っているでしょう。ここで大事なことは、組織は「生き物」のため、常に努力が必要で、これらの取組みはその時々の状況に合わせて見直しながら継続することが必要ということです。

組織には人事異動があります。何か問題が起きて業務を改善し、ルールを決めても、事後に着任した人にその経緯や意味を正しく説明しないと伝わりません。時間の経過とともに新しいメンバーの増加に伴い、過去の改善のポイントを見失い、ルールから逸脱することにもなりかねません。また、法令改正やサービス仕様の変更に伴い、従来のルールのままでは不十分、または不整合ということも発生します。したがって、ミスやトラブルを防止し、業務を効率的に進めるためには、常に仕事を見直しながら改善を続ける体制を備えることが必要です。これらについては第５章で詳しく説明します。

4　新しい課題にチャレンジする

オフィスワークマネジメントに必要な基本を正しく理解し、さらに活用しながら新しい課題にチャレンジすることが求められています。その一つが「働き方改革」です。長時間労働の是正という一つの社会問題を契機に脚光を浴びましたが、少子高齢化、人生100年時代の中で、日本人の働き方を変える必要があります。そしてＲＰＡなどの活用により機械化が進んだ後には、より価値の高い仕事のあり方が問われます。

さらに、新型コロナウイルス感染防止のためには在宅勤務の拡大が喫緊の課題となりました。これらのテーマに適切かつ効果的に取り組むために、本書のコンセプトをどのように活用し、実践すべきかについての方向性を第６章にまとめましたので、ぜひご活用ください。

*1:「失敗知識活用研究会報告書」失敗知識活用研究会（文部科学省ホームページ）
*2: 特定非営利活動法人失敗学会
*3:「事務ミスを防ぐ知恵と技術」（初版2009年、第５刷）、「事務のプロはこうして育てる」（2012年）

序章のポイント

- ミスやトラブルを防ぎ残業せずに仕事を進めるためには、主役である人間と対象である仕事についての分析と検討を経た具体的な対応が必要。
- 金融機関の事務は集中化や機械化に伴い変化してきた歴史があり、近年では働き方改革への取り組みが重要な課題となっている。
- オフィスワークマネジメントに必要な知識と技術を身に付け、実務で実践できる人材を育てることが必要。
- ミスやトラブルを防止し業務を効率的に進めるためには、業務プロセス全体を俯瞰しながら改善を継続することが必要。

人間を知る

第1節

根性論や精神論では解決できない

1 ミスの原因は不注意なのか？

ミスは人間の行動の結果として起きます。これには失念など「やらなかった」ことも含まれます。また、オフィスワークは人間がかかわる場面が多い仕事です。

したがって、何か問題が起きると「担当者Ａの入力ミス」「検印者Ｂの見落とし」など、特定の個人に目が向けられます。その結果、序章第１節「Ａ社ものがたり」のように、ミスを起こした当事者の責任を追及するケースが生じます。この背景には、「注意していれば間違わないはずだから、ミスを起こした人は注意不足なので責められるべき」という考え方があります。しかし、注意していれば本当にミスは防げるのでしょうか？

確かに、スマートフォンを見ながらチェック作業をしたり、隣の人とおしゃべりをしながら細かい書類を作成するのではミスの危険が高まりますので、正しく作業を進めるための教育と管理が必要です。一方、「今日はミスしてもいいや」という気持ちで仕事をしている人はいるでしょうか。少なくとも私はお目にかかったことがありません。「Ａ社ものがたり」のように、朝礼で上司から毎日のように注意喚起があり、各メンバーもそれに応えようと努力しているにもかかわらず、残念ながらミスやトラブルが発生しているのが現実ではないでしょうか。

そして、Ａ社の事例ではベテランのスタッフが過去にも同じようなことが起きていることを指摘しています。ここに一つのヒントがあります。

調べてみると、ミスが起きやすい条件が存在しており、その改善が進まないまま「かけ声」や「号令」だけで乗り切ろうとすると、残念な結果が繰り返されることになるのです。

したがって、問題が起きたときは、「なぜ」という問いを発しながら根本の原因を突き止める必要があります。このときに、「本来はこうやっているはずだ」とか「こうするルールになっている」という表面的な情報で済ませないことがポイントです。実際、ルールはあっても守られていないことが多いものです。

例えば、選挙の際の選挙管理委員会でのミスに関する報道では、「目を替えてチェックするルールになっていたが守られていなかった」と書かれていました。この場合も「間違えてもいい」と考えている人は皆無だと思いますが、「人数が足りなくてチェックを頼めなかった」「開票作業が遅れ気味だったので急いだ」など、人的資源や作業時間の制約から、ルールを守れない状況に至ったことが考えられます。

実務の場面でこのような背景を探り当てるためには、当事者たちの「本音」に耳を傾けることも大切なポイントです。そして「本音」を語ってもらうには、それを可能とするムードが必要です。このように、「人間は間違える（ことがある)」という事実を素直に認めることが有効な対策への第一歩です。

2 注意喚起の限界と弊害

ミスは精神論や根性論では防止できないため、トラブルが起きた後に発せられる「注意喚起」には限界があります。もちろん注意喚起にも一定の効果は期待できます。道路わきの電柱に「自転車注意」「歩行者注意」などの表示を見かけますが、これは「ここでは特に注意が必要」というメッセージにより事故を減らそうとしています。しかし、オフィスワークの場合は、都度注意喚起を繰り返していると、「マンション部屋番号入力漏れに注意」「口座番号相違に注意」「似ている金融商品名称に注意」など、どんどん項目が増えていき、その結果「全部注意して」ということにもなりかねません。

また、実際に起きたミスの場面を体験したメンバーの記憶には残るでしょうが、事後に異動などで転入したメンバーが共有するには、工夫と努力が求められます。また体験したメンバーも３ヵ月、半年と時間が経過するとともに記憶や実感が薄れていくことに注意が必要です。これらの問題を解決するためには、原因を十分に分析した上で、少なくとも同じことが再び起きないよう、効果的な仕掛けなどで解決していく必要があります。この点については第３章で詳しく説明します。

精神論に基づいて対策を強化していくと、「間違えたら朝礼で謝らなければならない…」という強迫観念に発展しかねない点も要注意です。最近は職場のメンタルが大きな問題として取り上げられていますが、「厳重注意」などに伴う精神的負荷がもたらす弊害も視野に入れておかなければなりません。人間は心が元気な状態であれば、本来持っている能力を発揮できると言われています[*1]。したがって、委縮した暗い気持ちで仕事に取り組むと、ますますミスを起こすリスクが高まると考えられます。

「Ａ社ものがたり」ではミスの発生について上司が朝礼で厳重に注意喚起したとき、担当者は涙を流し謝罪しています。このようなムードが醸成されたことは、大きな失敗と言わざるを得ません。良いサービスを提供するためには、仕事に前向きに取り組める組織づくりが必要です。この点については第５章で説明します。

第2節

人間の習性を知る

1 人間の能力と限界

人間は多くの優れた能力を有する一方、その及ぶ範囲や程度には限界があります。工場の作業などには身体的特性も大きく影響しますが、オフィスワークの場合は情報処理等の認知的能力が重要です。例えば、小さい文字は見えにくく、かすかな音は聞き取れません。また、いったん受け取った後に保持できる情報量にも限界があり、視覚による情報は7～17文字、聴覚による情報では4.4～6.2文字とされています(*2)。個人差もありますが、これらは加齢とともに衰えてきます。

また、人間はより少ない注意力で情報を処理しようとする性質があります。これは「ケチ理論」などと呼ばれ、エネルギーを節約して他の活動に振り向けようとする習性です(*2)。これがあるおかげで、同時に複数の処理が可能になります。そして、人間は「もっと楽にできないか」と考えるからこそ、自動計算のスプレッドシートなど便利なツールを数多く発明しました。しかし、注意力を節約しすぎると、細かい情報を確認せずに行動し、取り違いや思い違いが生じます。また、重要な作業の後にやるべきことを忘れてしまうのも、この習性が関係していると言われています。

さらに、意図的に「規則違反」を犯すこともあります。一つは慣れによる手抜きです。例えば、高い場所の資料を取り出すときは脚立を使うルールになっていても、いつの間にか使わなくなり、近くの椅子を代用してしまうような例です。無理な態勢を強いられる結果、転倒事故につながることもあります。もう一つは、善意が違反につながるケースです。空港に急ぐ友人を車に乗せたときに、「お土産を買う時間を確保してあげよう」と制限速度を大幅にオーバーしてしまう例などです。よかれと思う気持ちが災いし、重大な事故を引き起こしかねません。銀行などの店頭でお客さまが「急いでいる」と懇願するので、それに応えようとするあまり、所定のチェックを省略してミスにつながるようなことも同様と考えられます。

このほか参考となるものに、「カクテル・パーティー効果」と「限界容量説」があります(*3)。前者は、大きなパーティー会場でたくさんの人が会話を交わす中で、自分が話したい人の声だけに集中できる能力のことです。これに対して後者は、人間の情報処理の能力には限界があり、一時にすべての情報を処理できないというものです。スマートフォンを見ながら車の運転をするのが禁止されているのも、この理由によるものです。「己を知る」の第一歩は、このように人間が元々持つ能力や特性を知ることです。

2 ヒューマンエラーとは

ヒューマンエラーは「すべきことに対して、実際に行った結果がミスマッチであること」と定義されています(*2)。例えば、パソコンの操作で「Ctrl」と「C」を同時に押して「コピー」すべきところ、「C」ではなく「X」を押すと「カット」となり、元の記載箇所は抹消されてしまいます。実際に行った結果が目的に対してミスマッチとなった例です。

これは「やり間違い（コミッションエラー）」ですが、その他にも次のような類型があります(*2)。

- **やり忘れ（オミッションエラー）**：必要なタスクやステップを行わなかった。

・**余計な行為（エクストラネウスアクト）**：本来やるべきではないタスクや行為を行った。
・**順序間違い（シーケンシャルエラー）**：タスク遂行の順序を間違えた。

毎日、さまざまな事故がニュースで報じられています。事故が起きる要因は大きく３つに分類することができます(*2)。

一つ目は自然要因です。大型台風による土砂崩れ、浸水、落雷や地震などです。二つ目が人工物要因です。人間が造ったものの技術的限界や故障、老朽化による事故などです。例えば、自動運転の試走車の衝突、油圧系統破損による航空機の墜落、古い橋の落下などが該当します。そして最後の三つ目が人的要因です。これがヒューマンエラーと呼ばれるもので、人間の不適切な行為です。

歴史的には、蒸気機関、航空機などの新しい発明が世に出た後には、技術的限界からボイラー爆発、墜落などの事故が避けられませんでしたが、その後改良を重ね製造物の信頼性が増したことで、このような事故は極めて稀な状況となっています。一方、人間の間違いを防止するのは容易ではないため、現在では相対的にヒューマンエラーを原因とする事故の割合が増えたと言われています(*2)。

航空機では、科学技術の発達とともに航空機そのもの故障や不具合での事故は大幅に減り、その結果、操縦士と管制官、または操縦士相互のコミュニケーションの行き違いなどによる事故の比率が高まっています。

3 ヒューマンエラーはなぜ起きるか

ヒューマンエラーは人間の内部的な要因に、外部的な要因が作用して起きると指摘されています(*2)。内部的な要因としては、本節ですでに説明した能力的な限界に加え、「やる気」「意欲」「気分」などの態度的な要因も影響します。先ほど説明した「カクテルパーティー効果」は、積極的な姿勢や意欲により能力を発揮した結果ですが、これとは反対に、意欲が極めて低い状態では通常の認知能力を下回る結果となります。前節では「精神論では問題は解決しない」と説明しましたが、この態度的要因を踏まえると、「精神論だけでは解決しない」と言うべきかもしれません。

ヒューマンエラーを考える際に重要なポイントは、外部要因が大きく影響しているという点です(*2)。例えば、時間に追われるなど心理的に切迫していると、エラーが起きやすくなります。また、作業する部屋が暗い、引継ぎが不十分などの条件でもリスクが高まります。そして、隣の席の人と関係がうまくいっていない、ミスをすると厳しく叱責されるため委縮しているなど、チームや組織の風土なども大きく影響します。

組織の状態は全ての活動の土台であり、これが健全な状態かどうかが、ミスやトラブル防止の重要なポイントです。鉄道ダイヤの遅れが生じた場合のペナルティが厳しいため、運転手が制限速度を大幅に超過したスピードでカーブに入り、脱線転覆して大惨事になったという事例があります。

また、「ルールでは目を変えてチェックすることになっていたが、人手不足だったのでやらなかった（できなかった）」というような事例も、コスト削減と正確性のどちらを優先するかという、その組織の姿勢が反映されています。交通機関、工場など人命にかかわる仕事では「安全文化」の重要性が指摘されています。

人間の能力や特性に基づきヒューマンエラーは起きるという前提に立ち、それをどう防ぐかがポイントです。そしてエラーが起きた場合も、その影響を最小限に食い止めるためにはどうするか、などについて常に組織全体で取り組める状態が必要です。この点については第５章で説明します。

人間が持つ内部要因に外部要因が作用してヒューマンエラーが起きる

ことを踏まえ、これらを以下の４つの要因に分けて考える方法があります[*2]。頭文字「M」が４つ並ぶことから「４M」と呼ばれています。

Man（人間）：人間の能力の特性や限界、知識や訓練の状態、態度

Machine（機械・設備）：設備機器の使いやすさの状態

Media（環境）：物理的環境、情報環境、人間環境

Management（管理）：人員配置、教育訓練、使役状態、職場管理

この４つの要因のミスマッチがあるとヒューマンエラーが起きます。トラックの運転で考えてみましょう。

Man（人間）：大型運転免許取得直後の不慣れな状況

Machine（機械・設備）：バックミラーが曇って見づらい、道路工事で一車線しか使えない

Media（環境）：暴風雨で視界不良

Management（管理）：運転手不足に伴う過重労働

もし不慣れな運転手が担当するときは悪天候の日を避ける、運転手が不足しているなら受注を減らす、などの措置がとられれば、エラー発生リスクを低減できると考えられます。言い換えると、状況の変化に対応する措置がとられていないとミスマッチな状態となり、ヒューマンエラーが起きやすくなります。

「Ａ社ものがたり」の中で、ヒューマンエラーに影響を与えている要因を見てみると、まず、残業削減方針で退社時刻厳守のみを優先した結果、時間的に切迫した状況が増えている点が挙げられます（使役状況→管理)。また、ミスをした人が朝礼で泣きながら謝罪するという職場風土は、ますますエラーを誘発する状況（人間環境）と考えられます。そして、退職者からの引継ぎも不十分なまま後任者が繁忙の中で悪戦苦闘することも､ヒューマンエラーの増加要因となっています（知識→人間)。ミス（事故）の原因は明らかにヒューマンエラーですが、それは組織の状態を含めた外的な要因が大きく作用して起きていることがわかります。

第3節

間違えるパターンと間違えやすい条件

1 日常生活で体験するヒューマンエラー

ヒューマンエラーの正体を探るために、私が日常生活場面でこれまでに体験した事例を以下に紹介します。

①コーヒーメーカーのセットを間違えた

自宅のコーヒーサーバーにコーヒー豆と水をセットする際、カップ5杯分の水を入れたにもかかわらず、コーヒー豆を3杯分しか入れなかったため、薄いコーヒーができてしまった。

②チャットの返信先を間違えた

パソコンでチャット返信する際、「メモ」アプリで作成したコメントをコピペして相手に送ろうと思ったのに、他の人宛てにペーストして送信した。

③メールの返信を忘れた

日程調整メールに返信するために自分のスケジュールを確認し、候補日を複数絞り込んで結論を出した後、別件に対応しているうちにメールの送信を忘れた。

④銀行振込の口座番号を間違えた

インターネットバンキングでお金を振り込む際、口座番号を「6144」と入力すべきところ誤って「6114」としたために相手に入金できず、銀行から確認の電話を受け、別途手数料を支払って訂正処理をしてもらった。

⑤待ち合わせに遅刻した

渋谷駅から数分歩いたレストランでのランチミーティングに参加する際、スマートフォンの地図アプリを頼りに歩き出したが、方向を間違えて遅刻した。

⑥特急の乗り場を間違えた

セミナーの仕事で東京駅から特急「わかしお」に乗るべきところ、誤って「しおさい」のホームで待っていた。気が付いた時点ではすでに発車数分前だったため、東京駅構内を全力疾走するはめとなった。

思い出すとまだたくさんありますが、誇るべきことでもないので分析に移ります。まず、①のコーヒーサーバーの例では、いつもは正しい量で豆と水をセットしていますが、考えごとをしている、妻から話しかけられる、などの条件が加わると間違えやすくなります。人間が一度に使える注意力に限界がある事例と考えられます。

②の返信先や④の口座番号の間違いは、急いでいたために十分な確認をしなかったのが原因と考えられます。自分ではこのような間違えを防ぐために、指で差して再確認するルールを決めていますが、それを行わずにエラーが起きています。外部要因（時間的ストレス）が作用していた例です。

③のメール返信漏れは、一連の作業を中断したにもかかわらず完了したと思い違いをしているケースで、外部要因（業務要因）に関係しています。また⑥の発車ホームの間違えは、過去にバードウォッチングで「しおさい」を度々利用していたために、「わかしお」も同じホームと思い込んだのが原因です。

残るのが⑤の迷子事件ですが、これは「地図アプリを見れば行けるはず」と簡単に考えていたのに対し、普段あまりなじみがない街の地理が少し複雑だったことが原因と考えられます。自分の情報量や地理感覚に対する過信が原因です。

このように、身近な例で考えた場合でも、人間はいつでも間違えるわけではなく、間違えやすいパターン（似ているもの）や、間違えやすい状況（急いでいる、作業中段など）があることがわかります。これらのポイントを知っているかどうかも、エラーを防ぐためには重要です。

2 オフィスワークで起きるヒューマンエラー

オフィスワークでヒューマンエラーが起きやすい場面を分析した場合も、いつもは正しくできても、ある条件が加わることによってエラーが起きやすい状況が発生していることがわかります。「他人事」と思わず、自分の経験に照らし合わせて読んでください。

①作業量が多く、疲れる、飽きる、手抜きを考える

取引量の増加などに伴い、作業量が急増することがあります。長時間労働は疲労を招き、集中力を損ないます。また、深夜残業を避けようとして、現場レベルの判断で所定の手順を省略したくなります。

②作業時間に追われて、気持ちが焦る、手抜きを迫られる

必要な情報の受取りから作業完了までの持ち時間に制約があるケースで作業量が急増すると、スピードアップしないと締切に間に合いません。気持ちが焦るとともに、現場レベルの判断で所定の手順を省略しかねません。

③習慣化することで作業が上の空になる

新しい仕事を覚えるときはマニュアルや手順書を手放せないものですが、次第に慣れてくるとそれらに頼らずできるようになります。これが「習得したレベル」と言えます。まずはこれを目標としたいところです。そして、その慣れた状態が続くと、他のことを考えながらでもできるよ

うになります。例えば、手慣れた仕事をやりながら翌日の段取りを考える、元気のない部下や後輩のことを気遣うなど、無意識のうちに他のタスクを行っていることがあります。このように、複数のタスクを自由に切り替えながらできるのは人間の素晴らしい能力なのですが、作業の安全性の観点からは「上の空」というリスクがあります。これは特にベテランほど注意が必要です。

④難しい一連の作業を終え最後の単純作業で気が緩む

筆者が過去に経験した業務で、法人顧客宛てに月次報告資料を送付する作業がありました。毎月数百の株式会社宛てに、株主数やその属性別の変動推移などに関する情報を記載した報告書を郵送する仕事です。法令改正等の影響で記載要領の変更が度々ありましたが、システム手当が間に合わず、コンピュータから出力された資料に人間が手作業で計算や修正を加え、前月分との連続性等をチェックするなどの高度なスキルが求められる仕事でした。

数人のエキスパートが対応してくれましたが、元となるデータがシステム出力されてからお客さまとの契約で決められた提出日までの持ち時間が限られていたため、とても大きな負荷のかかる状態でした。この仕事で度々起きたトラブルに「誤送付（宛先相違）」がありました。これは、Ａ社に送るべき資料を誤ってＢ社の宛名シールが貼ってある封筒に入れたことが原因で、カタカナ名のよく似た社名が増えていたことも影響していました。

顧客にとっては自社の情報が他社に送られてしまうという大問題なのですが、同じようなミスが毎月のように発生していたため、管理者として頭を痛めていました。このケースでは、「月次報告書の作成」というスキルを要する負荷のかかる仕事の後に、「封入」という単純作業が控えていたためにリスクが増したと考えられます。「最後にこれだけやれば終わり」という安堵感がミスを招いた可能性があります。

⑤他に2人以上でチェックしていることで気が緩む

綱引きを「８人対８人」で行うと、「１人対１人」で行う場合に比べ、１人が発揮する力は約半分に低下すると言われています。「皆でやっている」という安心感から、１人当たりのパフォーマンスが低下する傾向があり、これは「社会的手抜き」と呼ばれています。

オフィスワークにおいて、「この書類のミスが続くので、リーダーと課長がチェックすること」というルールを決めると、担当者の頭の中では「自分の作業を２人がチェックしてくれる」という意識が働き、手抜きのリスクにつながります。課長ですら「ベテランのリーダーが見ている」という気持ちで取り組むと、無意識のうちに「手抜き」となる可能性もあります。

⑥本務以外のことを不本意な気持ちで行うため身が入らない

自分の本来の仕事以外のことを臨時に頼まれることがあります。

この場合、「忙しいのに迷惑だ」とか「当番だから仕方ない」などの不本意な気持ちが作用すると、本来注ぐべき集中力や注意力を損なう結果となります。選挙事務や大学の入学試験などの重要な場面でミスが起きるのも、それぞれの仕事が「本務」ではない人たちによって支えられていることが影響している可能性があります。

⑦似ている「もの」や「こと」を取り違える

先ほどの事例④（誤送付）は、似ている会社名の取り違えです。同様のことは投資信託などの金融商品でも生じます。長いカタカナ名称の末尾に記載された「為替ヘッジあり」「為替ヘッジなし」だけで峻別するような場合に、取り違えが起きることがあります。

また、似ている「こと」にも注意が必要です。Ｘ銀行宛ての振込みを３件終え、別件のＹ銀行宛ての振込みも必要なところ「今日の振込手続きは終わった」と勘違いしてしまうことあります。

⑧電話や声掛けが頻繁で作業に集中できない

ＣＳ（顧客満足度）向上の観点からは「電話は３コール以内で取る」などは必要な取組みです。また、日本のオフィスはオープンスペースが主流で、必要な都度声を掛け合えるメリットがあります。しかし、チェック作業や複雑な資料作成など、集中力を要する作業の最中に何度も電話に出たり、上司の質問に答えたりする状況はミスが発生するリスクを増大させると考えるべきです。

⑨アクシデント、トラブル、クレームなどに注意力を奪われる

オフィス内で病人発生、システムダウン、重大クレームなどが発生すると人間の関心事がそこに集中します。いったん収まったように見えても、いろいろと余韻が残るため、意識を仕事に集中させるためにはかなりの努力を要します。このように、普段と違う事件はそれ自体がさまざまなリスクを伴っていますが、通常業務に影響を与えていることにも注意を要します。

⑩睡魔や体調不良により作業に集中できない

人間は生き物ですから、風邪、歯痛など苦痛を伴う症状に見舞われることがあります。体調を整えようと風邪薬を飲んだため眠気に襲われることもあります。また、懐かしい友人に会ってつい深酒、そして翌日も目の前がクルクル、ということもあるかもしれません。このような状態は、人間の能力が十分に発揮できない状態のため、ヒューマンエラーが起きるリスクが高まっています。

以上、10の例を示しましたが、皆さん自身、または周囲のメンバーも含めてこれまでに体験したものが含まれているのではないでしょうか。まず、このような状態はミスが起きる危険が高まっていると認識できるかどうかが重要な分かれ道です。その上で対策をしっかり実行します。これらの事例の人間工学的考察については次の項で、そして対策については第４節で説明します。

3 人間工学の観点から考える

前項で紹介した、オフィスワークで起きるエラーの事例を、本章第2節で説明した人間工学的な原理から考察すると、以下の通り整理できます。

まず、「①作業量増加」「②時間切迫」「⑧作業中断」「⑨アクシデント」などは、「４つの要因」の「人間」、「環境（物理的環境）」、「管理（使役状況）」が作用した結果と考えられます。

次に「③習慣化」「④気が緩む」「⑤社会的手抜き」「⑦似ているもの、こと」は、いずれも人間がより少ない注意力で仕事をしようとする習性（「ケチ理論」）と関係しています。そして「⑥不本意」は仕事に対する態度が関係しています。「⑩体調不良」は自己管理不足の場合を除き、

図表1-1　オフィスワークで起きるエラーと関連する要因

	Man **人　間**	Machine **設　備**	Media **環　境**	Management **管　理**
① 作業量増加	作業継続の限界			仕事量に見合わない人員配置
② 時間切迫	作業速度の限界			仕事量に見合わない人員配置
③ 習慣化	ケチ理論			
④ 気が緩む	ケチ理論			
⑤ 社会的手抜き	ケチ理論			
⑥ 不本意	態度的要因			
⑦ 似ているもの、こと	ケチ理論	外見が似ている帳票類		
⑧ 作業中断			作業に集中しにくい環境	業務の種類に対応できていない人員配置
⑨ アクシデント	関心が高い事象への集中			突発事象対応への人員配置不十分
⑩ 体調不良	態度的要因 （自己管理不良の場合）			代替者による対応体制の不足

人間である以上避けられないことでしょう。

このように、人間が元々どういう習性を持っているかを知り、その上で、自分が置かれた状況のリスクが高まっていることを感知できるかどうかが、ミス防止の重要なポイントであることがわかります。そして、「①作業量増加」「②時間切迫」「⑨アクシデント」「⑩体調不良」など、職場の状況が変化しながら起きる問題に関しては、それに応じた措置が実行されるか否かでリスクが変化します。まさに「管理」が重要ということになります。これらのオフィスワークのエラーと要因を表で整理すると**図表1-1**の通りです。

第4節 ヒューマンエラーを防ぐ工夫

1 ヒューマンエラーをいかに防ぐか

これまで学んだように、ヒューマンエラーは、人間が持っている能力的限界や習性に対して外部的要因が作用して発生します。このことから、「ヒューマンエラーの発生をゼロにすることはできない」ということが出発点です。その上で、どうすればそれを減らせるのか、さらには起きた場合の影響を最小限にとどめるにはどうすべきか、というスタンスで対処する必要があります。

最もシンプルで効果的なのは、ヒューマンエラーの発生源をなくす方法です。例えば、買い物をしたときにお釣りを間違えられることがありますが、これは現金を扱うことによって起きるミスです。したがって、ＩＣカード、クレジットカードなどのキャッシュレスにすれば、現金の数え間違えは起きなくなります。しかし、この方法はシステムの導入という大がかりなインフラ整備が不可欠であり、そう簡単にできることではありません。

もう一つの方法は、間違った処理が物理的にできない仕組みを作ることです。身近な例では、電子レンジはドアを開けたままでは作動しません。誤って電磁波が漏れて人体に悪影響を与えることを完全に防ぐための仕掛けです。これはエラーを防ぐためには確実ですが、すべてをこの方法で済ませることは困難で、現実的ではありません。

私たちの身の回りでは、病院、交通関係など、ミスやエラーの発生が人身、人命に直接影響が及ぶ場面で、ヒューマンエラーの防止に真剣に取り組んでいます。ここで行われている工夫や努力を見てみましょう。

道路では「自転車注意」「子供の飛び出し注意」などの表示を見かけます。これはドライバーに注意を促す効果を狙っています。電車の運転席からは、駅のホームが近づく地点で「快速停車駅」などの標識が見えます。うっかり通過しないための注意喚起です。

病院の薬剤部ではカタカナで似ている名前の薬がたくさんあるので神経を使います。ある病院を見学したときに、紛らわしい名前の薬だけ集めた赤い棚を見せていただきました。まさに、「ここにあるものは特に注意すべし」という仕掛けです。

先ほどのお金の間違いを防ぐために、お店ではお釣りを渡す際に「千円、二千、三千と百円のお返しです」と、ゆっくり声を出しながらお客さまの目の前でお札を数える方法がとられています。これは、店員が声を出すことによって確認作業の精度をアップし、同時に、お客さまにチェックをしてもらうという効果があります。カフェチェーンでも、店員が元気な声でオーダーを復唱し合って確認しています。

一人だけで行う場合には、確認の対象を指で差しながら声に出す方法があります。これは「指差喚呼（しさかんこ）」と呼ばれ、鉄道などで広く使われています。運転手が駅を出発する際に信号が青（緑）であることを、「出発進行」と言いながらその方向を指差して確認します。また、車掌は駅到着の際、電車がホームに対して正しい位置に停車したことを、ホーム上の表示を指差して「停止位置オーライ」と声に出して確認してからドアを開けます。電車の衝突事故やお客さまの転落を防ぐために、自分の体を使ってしっかり確認をしてくれています。

2 オフィスワークへの応用を考える

ヒューマンエラー防止のために最もシンプルで効果的な方法として紹介した「なくす」は、オフィスワークにおいても活用したいものです。お客さまが記入した依頼書の情報を社内帳票に転記すると、「見間違い」や「書き間違い」のリスクを伴います。しかし、元データである依頼書やそのコピーで代用できれば解決できます。また、システム入力の際に誤った日付を入れるとエラーではじかれる、などは「物理的にできない仕組み」の例です。ただし、これはシステム投資を必要としますので、利用できる条件は限られます。

ドライバーや電車運転士向けの注意喚起表示の例は、オフィスワークで最も手軽に活用できます。帳票の中で特に確認を要する項目を太枠にする、似ている書類の取り違いを防ぐために用紙の色を変えて区別する、などです。同様に、業務で使う端末の近くに「金額欄をもう一度チェック！」などの注意書きをする方法もあります。ただし、第1節で説明したように、注意喚起の洪水にならないよう、よく検討する必要があります。また、年季の入った黄ばんだ注意書きを見ることがありますが、マンネリ化すると効果が薄れるので定期的な見直しが必要です。

業務上のコミュニケーションを確実に行うためには復唱確認の活用が効果的です。「あれやった？」「うん、大丈夫」というやりとりでは危険です。「あれ」や「それ」は互いにまったく別のことを頭に置きながら頷いている可能性があります。「○○商事から依頼があった昨年の残高報告を送った？」「はい、○○商事の昨年の残高報告、午後一番で△△さん宛てに送りました」など、できるだけ具体的に復唱することで効果が上がります。また、「今日から住所欄の入力が変わったので注意してね」と言われたら「丁目までと番地を分ける方法ですね？」など、表現を変える、具体的に言うなどの方法も可能な限り活用しましょう。

「指差喚呼」に関しては、オフィスの中で大きな声を出すのは難しいですが、確認対象の数字や文字をしっかり差す、あるいは、チェック項目にマーカーペンなどではっきりと印を付けるなどで代替することができます。

このように、他の業種や職種で活用されている方法を参考にすると、オフィスワークでのヒューマンエラー防止の具体的な方法を工夫することができます。ぜひ日頃からこのような問題意識を持ち、活用にチャレンジしてみてください。

3 「具体例→抽象化→具体例」の頭の使い方

この節では、ヒューマンエラーが起きる仕組み（原理）を学び、それを元に実際にオフィスで起きる事例を考察しました。また、病院や交通機関などの他の仕事で活用されているヒューマンエラー防止策を、オフィスワークで活用する方法を紹介しました。このように、一見「別物」に見える、あるいは無関係と思える事柄でも、本質や共通原理を見極め、そこからまた別の具体的な事象との関係を考える頭の使い方は、仕事の改善に大いに役立ちます。

例えば、本章第３節で紹介した「大学入試」と「選挙管理」の仕事で起きたミスは、まったく別の事件です。しかし、その分析、考察の中で

「頼まれ仕事はミスが起きやすい」という共通項にたどり着くことができれば、一つの知見を得ることができます。そして、この知見を活用して「テレワークのイレギュラーな運営体制になっているため、本来の担当業務以外の仕事を頼まれた人が増えている」という状況が発生していれば、リスクが増していると判断し、「手順書の確認」「ダブルチェック励行」などのポイントを徹底してミスの未然防止に役立てることが可能です。

このように「具体例→抽象化→別の具体例」という、山を登ったり降りたりする頭の使い方にチャレンジしてみてはどうでしょうか（**図表1-2**）。

図表1-2　山を登って降りるイメージ

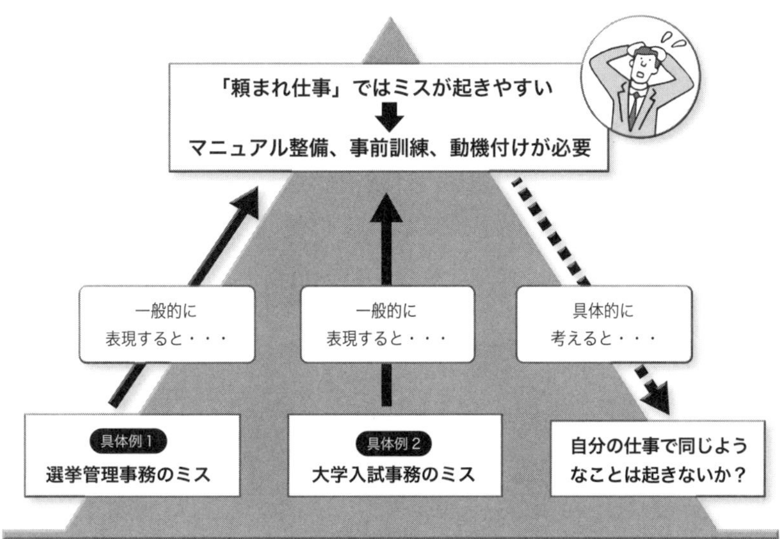

*1：辻秀一「一瞬で心を『切り替える』技術」日本実業出版
*2：小松原明哲・辛島光彦「マネジメント人間工学」朝倉書店
*3：大島尚編「認知科学」新曜社

第1章のポイント

- ミスやトラブルは精神論や根性論では防止できないため、発生後に行われる注意喚起には限界がある。
- ヒューマンエラーは人間の能力などの内部的な要因に、時間に追われるなどの外部的な要因が作用して起きる。
- ヒューマンエラーが起きやすい条件や状況を理解して、その防止に努める必要がある。
- 他業態や他業種で活用されている方法を応用して、オフィスワークに活用することができる。

オフィスワークを知る

第1節

オフィスワークを考える

1 オフィスワークの特質と定義

オフィスワークの代表的な仕事は「事務」です。皆さんは「事務とはどういう仕事？」と尋ねられたら何と答えますか。「書類などを作る仕事」「パソコンなどで作業する仕事」などが頭に浮かぶ方が多いと思います。確かにこの仕事の絵姿からはその通りかもしれません。しかし、これはあくまで外見で、仕事の本質は表せていません。

その正体を探ると、まず扱っている対象は情報です。製造業では原材料などの「モノ」を扱っていますが、事務などのオフィスワークは情報が仕事の対象です。情報はそれ自体無形物なので、それを乗せた媒体である紙やデータファイルを使って取り扱い、内容を確認、加工した上で必要な先に送る、などが主な仕事です。例えば、転居したお客さまから住所変更届の提出を受けた場合、既存の登録内容を確認した上で新しい情報に更新するなどの一連の処理（加工）を行い、その結果を受理通知などでお知らせ（報告）します。さらにこの情報は、お客さま宛てに郵便物を発送するセンターに送られ、次回の郵送に反映させるなどの連携が行われています。

先ほどの例の「住所変更届」が仕事の始点としての情報のインプット、「受理通知」がゴールとしてのアウトプットです。そして、この２つが確認や更新など、複数の工程でつながれている点も大事な特徴です。また、事務担当者相互はもちろんのこと、営業担当者と事務担当者との連携も重要なポイントです。さらに、「サービス」はお客さま向けなどの対外的なもののほか、社内の部署間での報告や社員への通知、給与の支払いなども含まれます。

以上の考え方に基づき、本書では「事務」より広い概念として「オフィスワーク」という言葉を使い、「情報の加工と連携でサービスまたは成果物を提供する仕事」と定義しています（**図表2-1**）。「ホワイトカラー業務」という用語もほぼ同じ意味で使えるのですが、「ブルーカラー」との対比を強調するニュアンスがあるため、オフィスワークが使いやすいと考えます。

図表2-1　オフィスワークとは

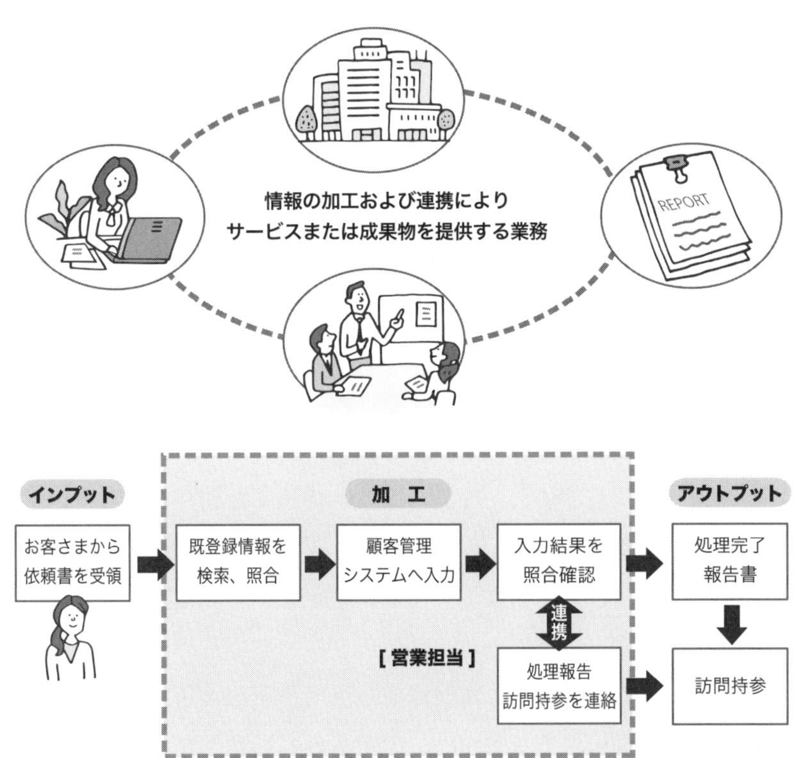

2 業種、職種の観点からオフィスワークを考える

産業分類では農業、製造業以外の仕事は第３次産業に分類され、一般的にはサービス業と呼ばれています。オフィスワークはこの分類においてサービス業の一種と考えられています。「サービス」を科学的に研究する学問として「サービス工学」が提唱され、関連する書籍も出版されています(*1、*2)。それらを読んで考えると、一般的な「サービス」と「事務」は非常に似ている点がある一方、本質的にはかなり異なる仕事であることがわかります。

似ている点としては、モノづくりと異なり、仕事の対象はそれ自体として形がない、または形が定まらないということです。そしてサービスも事務も製造業と比べて労働集約的であり、また多くの部分を「経験と勘」に依存する傾向があります。会社で経理や給与厚生事務のベテランがいると、その人は長年の経験でスラスラと仕事ができますが、人が変わるとまるで勝手がわからないという話は珍しくありません。

次にこの両者の違いを考えると、サービスの特徴である「同時性」「消滅性」「異質性」はオフィスワークには該当しない、あるいは該当してはいけないという点です。同時性とは、提供と利用が同時に行われるということです。ホテルに一泊した場合は、ホテルによるサービス提供とお客さまの利用は同時に行われます。また消滅性とは、その宿泊利用でサービスが全て完了する、つまりそこで終わるということです。そして異質性とは、利用する人によりインテリア、景観、設備など、重視する点が異なり、受け取り手によって満足度が大きく変化するということです。

オフィスワークの場合は、本日作成した給与明細は翌週社員の手に渡り、また社員は後日、それをローンの申込み等に利用することがあります。これらのことから、「同時性」と「消滅性」はオフィスワークに該

当しないことがわかります。そして、給与明細に示された情報は客観的な正確さが求められるので、「異質性」は許されないことになります。このように整理すると、オフィスワークをサービス業として分類することは無理なことがわかります。

そして、ホテルやレストランをはじめとするサービス業においては、予約管理、売上管理、従業員の勤務体制管理など、オフィスワークがたくさん行われています。また、工場でも、生産管理、経理、給与厚生事務など、多くのオフィスワークがあります。以上の点から、事務などのオフィスワークは業種を超えた汎用的な機能、仕事と言うことができます。

次に職業分類の観点からは、総務省が公表している「日本標準職業分類」の、「管理的職業従事者」「事務従事者」「販売従事者」などはオフィスワークに該当し、また「士業」などの「専門的・技術的職業従事者」やビル管理人など「サービス職業従事者」の一部も該当すると考えられます 。

以上から、オフィスワークは複数の産業、さらに行政なども含むあらゆる事業活動に横断的に必要な広汎な機能であり、業種の切り口では分けられず、仕事のスタイル（職種）の分類であると言えます。

第2節 オフィスワークを理解する

1 オフィスワークの果たす役割

企業などの組織の名称には「営業課」「管理課」「事務課」などが使わ

れます。ここで着目すべき点は「事務課」というネーミング以外のセクションでも、事務（のようなこと）が多く行われているということです。例えば、営業担当者もお客さまとの商談を行った結果を何らかの形で記録に残し、さらにその内容が事務担当者へと引き継がれていきます。事務担当者はその情報を「入口」として所定の処理を行い、取引完了報告の郵送などの「出口」へと向かいます。また、企画担当者が設計したサービス仕様に基づいて営業担当者は動き、事務担当者は決められた処理、記録、報告を行います。ここでも企画の内容を正しく記録、共有するために事務（のような）仕事が行われています。

　サービスを提供するためには、これらの担当者が連携しながら結果を出すことが求められます。そして連携を確実に行うためには、それぞれの場面で情報が正しく伝わるよう正確な処理が必要です。このように、事務と呼ばれる処理はサービス提供プロセス全体の随所で行われています。

　事務を行うセクションは「バックオフィス」と呼ばれることがあります。これは、お客さまに対している営業担当や、証券や為替のマーケットを相手に取引をする運用担当を「フロント」とした場合の表現です。しかし、オフィスワークを通じて提供される取引報告書などは、サービス提供の「製品」そのものと考えられます。どんなに素晴らしい金融商品があり、またどんなに運用成績が良くても、お客さまは取引完了報告や運用状況報告書を見なければ自分のニーズが満たされたことを確認できません。

　これは、あたかも製造業と同じように、事務セクションはサービスを具体的な「形」にする「工場」と同じ働きをしているのです。また、これらの報告書を見たお客さまからの質問に答えるのも、事務セクションの仕事の重要な役目で、まさにサービス提供の最前線とも言うべき存在です。「○○事務サービス」という組織名称を目にすることがありますが、この点をアピールする目的と考えられます。

ただし、職場の実態としては、事務担当者が直接お客さまと接する場面は限られていることが多いと考えられます。したがって、オフィスワークに従事する人は自分の仕事の成果物としての報告書や通知が、お客さまにどのように利用されているかを積極的に学ぶことも必要です。これは社内向けのサービスの場合も同様です。給与厚生担当が作成した源泉徴収票が社員の確定申告に使われるのはわかりやすい例ですが、各セクションで作成した係数報告が、最終的に営業報告書や有価証券報告書などの開示書類にどう使われているかなどについても積極的に理解したいところです。

本章のここまでの説明で、オフィスワークという仕事は、業種やセクションの名称で単純に切り分けることのできない、汎用的で重要な機能であることが理解いただけると思います。しかし、残念ながら職場の実態としては「営業で使い物にならないから事務でもやってもらおう」と考える上司や、メンタルなどの問題を抱えた社員の配属先として事務センターが利用される例も散見されます。しかし、事務などのオフィスワークはサービス提供や広く事業活動に不可欠な重要業務であり、業務プロセス全体を理解した上で、さらに個々のプロセスを管理することが求められる専門的な仕事です。したがって「だれでもできる」というほど甘くはありません。そして、事務の担当者は、営業を含めたサービス提供の全体プロセスを理解した上で、自分の仕事のミッションを理解する必要があります。

一方、営業はお客さまとの商談を通じて最終的に契約や取引を成立させる仕事で、まさに収益に直結する重要な仕事です。そして、お客さまのニーズに正確に応えるためには、契約後にどのような処理がされるか、またサービスが提供される仕組みの中でお客さまにどのような報告書が送られるのかなどについての正しい知識が欠かせません。外回りから帰社した営業担当者が、お客さまの質問に答えるために事務担当の席を訪れて説明を聞く姿は、いかに「事務」を含めた全体のプロセスでサービスが提供されているかを象徴しています。「営業」と「事務」が協力・連携することにより、オフィスワークのミッションである質の高いサービスを効率的に提供することが可能となります。

2 オフィスワークを取り巻くリスク

オフィスワークの特質や機能について述べてきましたので、次にそれらに関連するリスクについて説明します（**図表2-2**）。

その一つが、仕事の対象が「情報」という直接目に見えないもののため、しっかり記録を残さないと、その情報を正確に保存できないということです。取引先からの個別の依頼事項、トラブルやクレームの内容などは、実務では口頭や電話などにより伝えられます。これをそのままにしておくと、いつの間にか詳細情報があやふやとなり、さらに時間が経過すると記憶から消え去ってしまいます。これは第１章で学んだ、人間の特性、能力の限界です。

したがって、必ず文字などの情報にして残し、いつでも共有できる状態にしておく必要があります。モノづくりであれば工程で不良品が発生した場合、色、形、臭いなどで感知する、または計測器を使って検品するなどの方法で検出が可能です。しかし、情報の場合は外見だけで気付くことは難しく、また何か不具合があっても臭いも煙も発生しません。したがって、入力画面や入力後にフィードバックされたエラーデータなど、限られた場面を活用してチェックを徹底する必要があります。

また、情報を加工する工程を通じてアウトプットを提供していることから、その工程を見える状態にして関係するメンバーで共有する必要があります。序章の「Ａ社ものがたり」ではベテランや中堅が退職した後、後任者が仕事のやり方がわからず苦労した例が紹介されていますが、これは工程が前任者の頭の中だけにあったために起きたものです。このような状態では、担当者によって手順や方法がまちまちになり、ミスが発生しやすい、仕事が非効率になるなどの問題につながるリスクがあります。

情報の加工は複数の担当者またはセクションが連携しながら進めていきますので、この連携がしっかりできないとトラブルの原因となります。外回りの営業担当者と内勤の事務担当者の連携に問題があると、取引完了後の通帳の返却方法（郵送、店頭渡し、お届け）をお客さまの希望通りにできません。特に異例ケースやトラブル対応などの場面では、だれとだれがどの時点でどのような情報を伝え合うべきかを厳密に確認しながら進める必要があります。

オフィスワークの目的は「サービス提供」であるため、仕事の結果がケガなどの形で人身や人命に及ぶことは極めて稀です。そのため、ミス

図表2-2　オフィスワークの特質に伴うリスク

特質	リスク
仕事の対象は「情報」という無形物	○記録（文書化）をしないと定着できない。 ○モノづくりに比べ、不良品を見分けること（検品）が難しい。
受け取った情報に対して確認、計算、更新などの加工を行っている	○一連の加工は担当者の頭の中で行われるため、外から見えない。 ○その結果、仕事の属人化が生じやすい。
複数の当事者が連携して情報の受け渡しを行っている	○連携に不備があると、求められるアウトプットが出せない。 ○お互いの連携が十分見えていないことがある。
お客さま（ユーザー）が必要としている情報を届けることを通じてサービスを提供する仕事	○仕事の結果が人身や人命に及ぶことが稀であるため、ミス・トラブル防止対策が手薄になりがち。 ○一方、ミス・トラブル事案の条件（金額、件数、修復の難度等）によっては、サービスの信頼性や損益に大きく影響する大事件に発展することもある。

やトラブルの防止対策が「ほどほど」で済まされることが多いものです。「A社ものがたり」の中で、ミスが続いても精神論やチェックの加重だけで乗り切ろうとしたり、過去に同様の問題が起きながら十分な対策が取られなかった背景には、この「ほどほど」の考え方も影響していると思われます。

しかし、不幸にして「事務ミス」が尊い命を奪う結果に至ったケースもありますので油断大敵です。学校給食で、生徒のアレルギー情報が正しく伝わっていなかったために急性発作で学童が亡くなる、がん検診の結果通知ミスで治療の機会を失った患者が亡くなるなどの事件が実際に起きています。

潜在しているリスクが顕在化すると事故が起き、その影響で損害が発生します。活断層やプレートに潜んでいるリスクが蓄積され、何かのきっかけで地震という災害となり、その規模の大きさや発生場所等の諸条件で損害の大きさが左右されます。潜んでいるリスクを察知できるかどうかは対策に大きく影響し、最終的に災害発生時の影響や損害の大きさに影響します。これと同じ構造が、オフィスワークのミスやトラブルにも当てはまります。私たちの仕事の現場では「教育訓練が行き届いていない」「帳票やシステムが使いづらい」「必要な情報が共有されていない」など、さまざまな問題が存在しています。しかし、多くの場合、それらはあまり表立った大きな問題とはならず、また必ずしも全員が気付いてはいません。

しかし、第１章で学んだヒューマンエラーが起きるメカニズムから、これらの潜在リスクが人間の習性に作用してエラーが発生し、リスクが顕在化します。そして、同じ「入力ミス」というエラーでも、それが発生した取引の種類、金額の大きさ、該当顧客との関係性などの諸条件により影響の大きさがまるで違う結果となります。以上を整理すると、「潜んでいるリスクがいつ顕在化するかは予測不可能」であり、また

図表2-3　オフィスワークのリスク構造

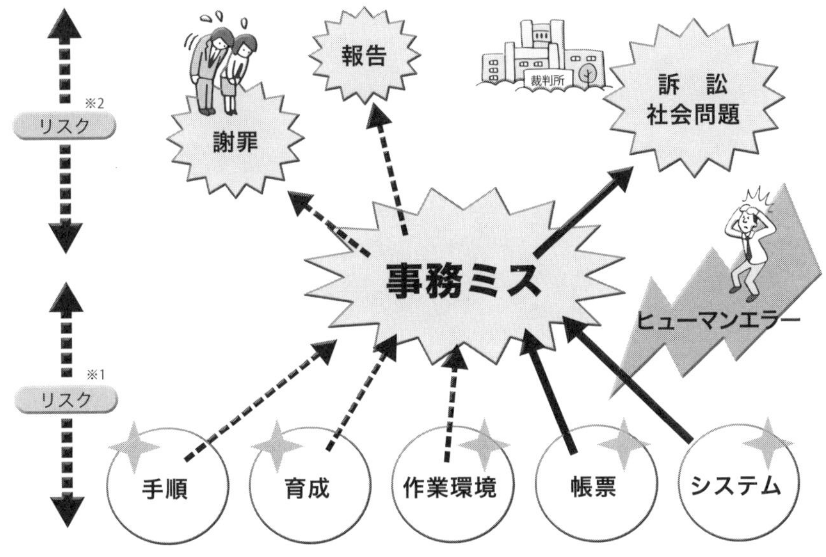

※1 潜んでいるリスクがいつ顕在化するか予測できない
※2 エラーの影響の大きさは個々の条件が複合して決まるので予測できない

「エラーの影響の大きさは実際に発生するまでは不確定」という二重のリスク（不確実性）の中で仕事をしているということになります（**図表2-3**）。

後者（エラーの影響の大きさ）のリスクについて理解するために、過去に起きた事例を紹介します。2005年に証券会社の担当者が顧客からの「1株を61万円以上の値段で売りたい」という注文を受けて証券取引所の端末に入力する際、誤って「1株1円で61万株の売り」と入力してしまいました。その後、その証券会社はすぐ誤りに気付き訂正のオペレーションをかけましたが、取引所システムのプログラムに不具合があったために実行できませんでした。電話で取引所に相談したが、「自社の責任で対応して欲しい」とされたため、証券会社はやむなく反対売買での相殺に動きました。しかし、新興市場での新規上場銘柄だったため「61万株」の買い注文は成立せず、最終的にその証券会社は400億円を超える損害を被ったというものです。

この事件は、その後その証券会社が「訂正処理ができなかったのはシステムの問題」との理由で、証券取引所を相手取り損害賠償請求訴訟を起こし、結審までに10年近い歳月を要しました。まさに1回の入力ミスが、400億円の10年訴訟になったのです。このように大きな事件はめったに起きませんが、日常の仕事においても、ちょっとしたミスがお詫びでは済まない結果となり、取引停止や風評リスクに至ることもありますので注意を要します。

*1: 内藤耕編「サービス工学入門」東京大学出版会
*2: 木下栄蔵「事例から学ぶサービスサイエンス」近代科学社

第2章のポイント

- オフィスワークとは情報の加工と連携でサービスまたは成果物を提供する仕事と定義される。
- オフィスワークは、あらゆる事業活動においてサービスを具現するために必要な機能。
- オフィスワークの対象は「情報」という無形物であるため、文字などの形にして残し共有できる状態にしておくことが必要。
- オフィスワークの特質に基づくリスクとその構造を理解して、ミスやトラブルの防止に努める必要がある。

Office Work Management

オフィスワーク改善の手順と手法

第1節

問題解決の手順

1 「A社ものがたり」はなぜ失敗したのか？

人間の特性やヒューマンエラーが起きる仕組み、そしてオフィスワークの特徴とリスクに関する知識を学びました。次に必要なことは問題解決の進め方、すなわち手順です。これを誤るとせっかく時間と労力を費やしても、本来解決すべき問題が置き去りとなり、場合によっては新たな問題を生じさせかねません。

序章の「A社ものがたり」では、事務ミスが続いているという問題に対して、当事者の責任を追及して緊張感を促す、作業結果のチェック回数を増やす、などの方法で対応しましたが失敗に終わっています。これは、発生した問題に対して、思いついた方法だけを実施したために招いた結果と言えます。そして、これらの方法を採用した人たちは、「何か手を打たねば…」という思いから、過去の経験などを頼りに判断したと考えられます。

例えば、売上を増やそうと新規開拓の訪問件数を増やしクタクタになるまで歩き回っても、結果に結びつかないことがあります。また、体調不良が続くので病院を転々としたらいつの間にか薬漬けになり、状態がさらに悪化することもあります。これらは、「訪問件数を増やす」または「薬を飲む」ことにより一定の効果が上がったと感じた体験例だけを頼りに行動したために問題が解決しなかったのです。「なぜ売上げが伸びないのか？」「お客さまが欲しいものは何か？」を考え、新しい戦略を実行に移せば効果が期待できますが、一日中歩き回ってエネルギーを使い果たしているだけでは、目的を達成できません。また、体調悪化の原因が夜更かし、喫煙、暴飲暴食などの生活習慣にあるとすれば、それらを直さなければどんなに薬を飲んでも問題は解決しません。私たちは、気付かないうちにこのような悪循環に陥ることがあるのです。

「A社ものがたり」では、当事者の責任を追及して緊張感を促した結果、職場の雰囲気が悪化しベテランや中堅の退職を誘発した可能性があります。また、チェック回数を増やすことで業務が非効率になり、「残業削減」のプレッシャーと重なって業務の負荷が増し、リスクが高まった可能性もあります。問題解決の手順を誤ったために本来解決すべき問題が残るだけでなく、さらに新たな問題を生む結果に至っています。

2　手順で重要なのは原因分析

問題解決の手順で最も重要なのが原因分析です。売上低迷の例でその原因を探ると、「お客さまのニーズに応えていない」さらに「ニーズがつかめていない」などの問題が見えてきます。また、体調不良は「生活習慣」に原因があり、さらに「健康のありがたさがわかっていない」ということに気が付きます。そして、事務ミスが続くことの原因を探ると、「仕事のやり方が決まっていない」「使っている帳票の項目配列が見づらい」「窓口接客をしながらでは作業に集中できない」など、複数の原因が見えてきます。本質的な原因にたどり着くためには、「なぜ?」を５回程度繰り返してその奥にあるものを追求します。そしてこれらの複数の原因の相互関係を考えることも、真の解決に欠かせない分析です（**図表3-1**）。

先ほどの事例では「仕事のやり方」「帳票」「作業環境」という３つの要素が出てきましたが、さらに掘っていくと、そもそもこのような問題の改善を進める体制や方針が不十分という原因に突き当たります。そし

図表3-1　5回の「なぜ」で原因を分析する

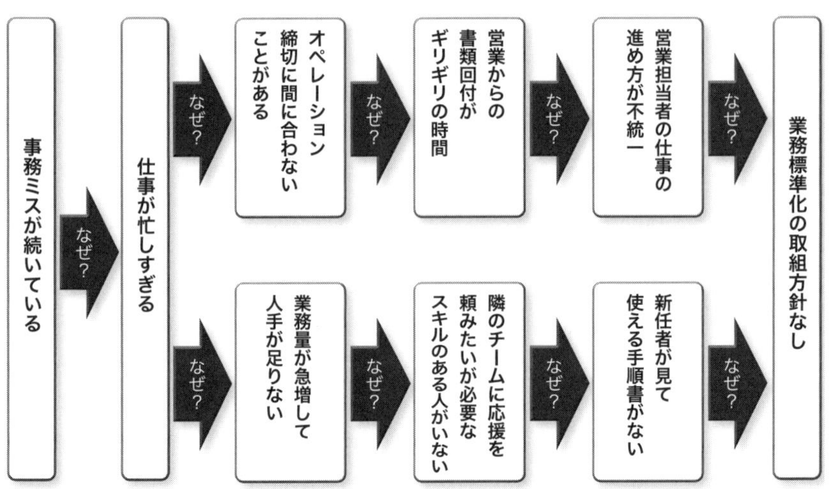

て、この原因が根っこにあるために、日常の管理や問題発生時の事後対応が不十分になるという構造が見えてきます。

ここで一つ注意したいのは、「原因」と「結果」を取り違えないようにすることです。通勤時間帯に「混雑の影響などで一部の列車に遅れが出ています」という情報を目にすることがあります。しかし、よく考えてみると、「混雑」は本当に「遅れ」の原因なのでしょうか。そもそも「混雑」はどうして発生したのでしょうか。乗客目線では「遅れ」が「混雑」の原因のようにも思えます。つまり「混雑」は原因ではなく結果と考えるべきではないでしょうか。そして、その「遅れ」の原因を探っていくと「荷物挟まり」「ドア点検」「車両点検」などの不具合、トラブルが考えられます。もちろん安全を優先することは歓迎ですが、本来は、そのようなトラブルが起きにくいシステムに改良することが求められるのではないでしょうか。

実は、これと同じことがオフィスワークでも起きることに注意が必要です。例えば、「体調不良者が続出して残業続き」は「体調不良者続出」が原因ではなく、その職場で起きている問題の結果である可能性があります。このように、原因と結果の因果関係を見誤ることのないよう分析に努める必要があります。

3 問題解決の進め方

問題を解決するための正しい手順を整理すると次の通りです。

1. 問題の特定　まず、テーマを明確にします。例えば「振込業務での振込不能、誤送金をなくす」など、解決すべき問題をできるだけ具体的に決めます。

2. 現状調査　次に、「振込不能」や「誤送金」がどのような形でどれだけ発生しているのか、現状を正しく把握します。目標設定や効果確認のために必須の情報だからです。

3. 原因分析　その上で、それらの問題が起きている原因を分析します。その際には前項で説明した通り、「なぜ？」を繰り返しながら「根っこ」の原因に突き当たるまで根気よく進めます。また、洗い出した原因の相互関係（お互いの影響）も整理します。

4. 真因の絞り込み　「根っこ」と考えられる原因（それ以上「なぜ？」で進めない原因）や、複数の原因に影響を与えていると考えられる原因が真因（真の原因）と考えられます。

5. 対策検討　そして上記の真因を取り除き、問題を解決するための対策を以下の要領で検討します。

まず、広い視野で複数の角度から対策を洗い出します。その上で、洗い出した対策に優先順位をつけます。その際のポイントは以下の通りです。

①期待できる効果の大きさ、必要な費用、実現までの時間の３つの観点から「○△ ×」などで評価します。この３つのポイントは「Q（品質）、

C（コスト）、D（納期）」と言われる一般的なビジネス評価基準です。念には念を入れたチェックや、資料の見栄えは品質アップにつながりますが、相応の工数を要することからコスト（主に人件費）も増加します。また、システム化すれば正確性やスピードがアップしますが、費用とともに実現にはまとまった時間が必要です。したがって、求められる精度とスピード、そして予算を勘案して総合的に判断する必要があります。

②効果、費用、時間のポイントで評価した結果に基づき優先順付けを行い、上位３つ程度に絞り込みます。

③絞り込んだ対策案について、念のためもう一度「これをやれば本当に解決できるか？」「これは本当に実行可能か？」の観点で検証します。もしも効果に疑問を感じる場合は、対策の検討・選択や原因分析に遡って、大事なポイントの見落としがないか点検しながら再検討します。

④最後に、採用した対策を業務の中で、だれがいつまでにやるかをスケジュール化します。

以上の方法は相応のエネルギーと時間を要しますが、確実に効果が期待できます。その際、「３. 原因分析」や「５. 対策検討」については、

図表3-2　問題解決の手順

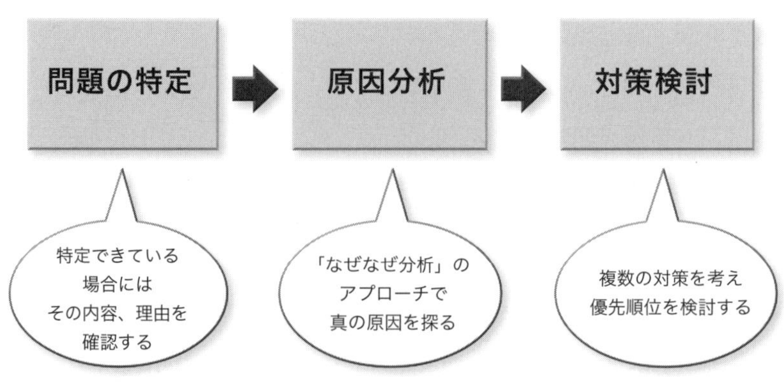

ホワイトボードや付箋などを使いながら、ブレーンストーミング形式で進めることをお勧めします。

なお、これらの手法は一般的なビジネススキルである「ロジカル・シンキング」に基づく考え方です（**図表3-2**）。興味がある方は参考書が多く出されていますので活用してみてください。最初はとっつきにくいと感じるかもしれませんが、一度身に付けると何ごともスッキリと見えてきます。

第2節 目標の明確化と共有

1 何に取り組むのか？

次に、オフィスワークの改善に取り組む手順について述べます。まず、「何に取り組むのか」を明確にしてメンバーでしっかり共有してスタートすることがポイントです。ハイキングに例えれば、「どの山に登るのか？」ということです。これが不明確だと、皆でワイワイ進めても結局バラバラな活動になったり、徒労に終わりかねません。

一つの例として、「品質を上げる」という大きいテーマを掲げた場合に、もし「直行率（検査合格率）を上げる」ことを目標にすると、その裏側で発生している欠陥品の状況が見えないまま活動を継続し、品質の改善はできません。この場合、「欠陥品の発生率を削減する」という目標を設定して、原因の分析と改善に取り組むのが正しい目標設定と言えます（**図表3-3**）[*1]。

オフィスワークの業務改善に取り組む際も、この観点から課題を明確

図表3-3　目標設定のヒント

「うまくできた割合」の影に潜む問題点

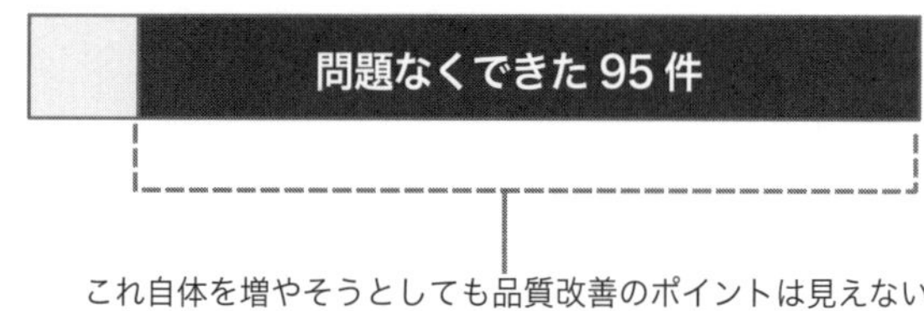
問題なくできた 95 件
これ自体を増やそうとしても品質改善のポイントは見えない

改善すべきプロセスとその問題点をあぶり出す

全体の品質に影響を与えている問題を発見し、改善につなげる
エラー 5 件
問題なくできた 95 件

にします。例えば、「仕事に無責任な人が多い」という問題提起があった場合、仕事の取組み姿勢を正すことを対象とするのか、個々の仕事が果たすべき機能を明確化することに取り組むのとでは、話がまるで違ってきます。ムードに流されず、自分たちが置かれている状況や組織としての大きな目標に近づくために解決すべき問題が何かをできる限り明確にしてスタートします。

この際も、前節で紹介した「原因と結果の取り違い」のワナにはまらないことです。「電車の遅延」という問題に取り組むべきところ、「お客さまの混雑」が問題だと勘違いしないようにしたいものです。

2　どこまでやるのか？

取り組むべき問題がはっきりしたら、次はどこまでやるかを明確にします。その山の何合目まで登るのかという合意で、これも組織やチームで仕事をする場合の重要なポイントです。「今期の目標は事務ミスゼロ」という目標をよく見かけます。たまたま前期に１件起きていたとすれば、今期のゼロは妥当性があります。一方、業務量が多く、さまざまな制約条件の下で苦労を重ねている職場では、２桁の規模でミスやトラブルが発生していることも珍しくありません。この状態でいきなり「ミスゼロ」を掲げるのは非現実的と言わざるを得ません。

もちろん「ミスは10件まではＯＫ」と公言することには抵抗があるでしょう。しかし、業務改善はある程度時間をかけて根気よく取り組まなければ達成できません。また、無理を承知でゼロ目標を掲げると、「どうせ無理…」と斜に構えたムードを作ったり、最初の１件が発生した瞬間に目標達成の意欲が失せる、などの弊害が懸念されます。

最終的には「事務ミスゼロ」を目指すとしても、「今期は前期実績の半減を目標とする」などのマイルストーンが必要です。これは効率化を目標とする場合も同じです。オフィスワークの業務改善のプロが「効率化30%」を提唱している例もあります(*2)。「半減」や「３割」は達成の現実性と、実感できる効果の両面から考えた場合に意味のあるレベルではないでしょうか。この目指すべきレベルの設定は、経営サイドの課題です。改善に要するコストの判断を含め、事業戦略に基づいて目標を設定する必要があります。

また、手順書整備の例では、まず「手順の書き出し」をマイルストーンとし、さらに作業が進んだ段階で「留意点まで詳細に記述」というレベルを目標とする方法が考えられます。

3 目標の共有と進捗の見える化

取り組むべき課題と到達目標のレベルが明確になったら、いよいよ改善活動のスタートです。ここからの道のりは、複数のメンバーが力を合わせて目的に向かって根気よく歩むことが求められます。そこで、自分たちのゴールの姿をできるだけ具体的に確認して共有します。例えば、残業を減らす、安心して休暇が取得できる、ミスやクレームがなくなる、などの前向きな状態を話し合って目標として設定することをお勧めします。これが取組みの原動力、エネルギーになるからです。

また、長い道のりを時間をかけて進みますので、自分たちの到達地点がはっきりとわかるように進捗管理表を作り、いつでもメンバー全員で見られる状態にしておきます。グラフ、チャートなどを活用したエクセルシートを作成し、管理者を決めて毎週の状況を記入し、定例ミーティングで確認するとよいでしょう（**図表3-4**）。

そして月単位で振り返り、残業時間やミス・トラブル発生状況などの問題に少しでも改善の手応えが感じられたら、それをメンバーで共有して励みにします。管理者やリーダーは、小さな進歩でも大きく取り上げ

図表3-4　進捗管理シート

手順書作成進捗管理表　○○課

項　目	完成予定日	担当	検　証	作業期日				完了日
				フローチャート作成	手順書作成	チェックリスト作成	検　証	
送　金	7月15日	Aさん	Eさん	6月12日	6月26日	7月3日	7月10日	7月14日 ☺
登録変更	7月31日	Bさん	Fさん	7月3日	7月10日	7月17日	7月24日	
資金管理	8月10日	Cさん	Gさん	6月17日	7月10日	7月29日	8月5日	
月次報告	8月14日	Eさん	Aさん	7月3日	7月24日	7月31日	8月7日	
決算報告	8月28日	Fさん	Bさん	7月15日	8月7日	8月18日	8月25日	
・・・								

（網掛け）該当作業済　☺ 完了マーク

てプロジェクトを盛り上げてください。また、担当者は自分で感じた「手応え」を積極的に発信して他のメンバーと共有してください。

第3節

原因分析は「3つの切り口」で進める

1 「MECE」を活用して見落としを防ぐ

問題解決の手順の中で原因分析が重要であることを述べました。そして、「なぜ」を繰り返すアプローチは、「注意不足」などの表面的な原因特定を避けて分析を深める効果が期待できます。さらに、重要な問題の見落としを防ぐためには、間口を広げて考えるアプローチが必要です。

パソコン作業中に不具合が発生したケースで考えてみましょう。ファイルがうまく更新できないと、まずソフトに問題がないか気になります。使用方法を確認するなど、いろいろ試しても解決できない場合は、他の切り口を考える必要があります。パソコンのＯＳ（基本ソフト）の設定が影響している場合もありますし、そのファイルをクラウドで管理している場合には、インターネット回線の障害の可能性も考えられます。

このように、一つの問題に対して切り口を変えてアプローチすることを通して、原因を突き止めることができるのです。そして、ここで重要なことは「大きな見落とし」を防ぐことです。

これに関してはロジカル・シンキングのスキルの一つである「ＭＥＣＥ（ミーシー）」という考え方が活用できます。MECEは英語のMutually Exclusive, Collectively Exhaustive（ダブりなく、漏れなく）の頭文字です。問題解決に取り組んでいるときに、ダブりがあると能率が悪くなりますが、漏れているとせっかく検討しても間違った答えを出してしまいかねません。

したがって、「大きな見落としはないか？」という観点を忘れないようにします。その際に役に立つのが、汎用的なフレームワークです。例えば、ビジネスやサービスを評価する際には「Q（品質）、C（コスト）、D（納期）」を活用することにより、バランスのとれた選択が可能となります。同様に、第１章第２節で紹介した「４M（人間、機械・設備、環境、管理）」も、ヒューマンエラーの原因分析や対策検討をする際に問題の見落としを防ぐために活用することができます（**図表3-5**）。

このように、「MECE」は実務で遭遇するさまざまな問題の解決に欠かせない考え方であり、また日常生活場面も役に立ちますので、ぜひ活用にチャレンジしてみてください。

図表3-5　ＭＥＣＥを活用する

「MECE（Mutually Exclusive, Collectively Exhaustive＝ダブりなく、漏れなく）」の考え方

思考に「漏れ」があると判断を誤る→例：「パソコンの不調」

ハード（パソコン本体）の問題は？

パソコンのOS（基本ソフト）の問題は？

文書作成等のソフトウエアの問題は？

インターネット回線の問題は？

「インターネット回線の問題」についての検討漏れがあると、問題を解決できない

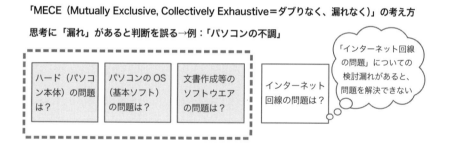

「漏れ」を防ぐために、一般的なフレームワークを活用する

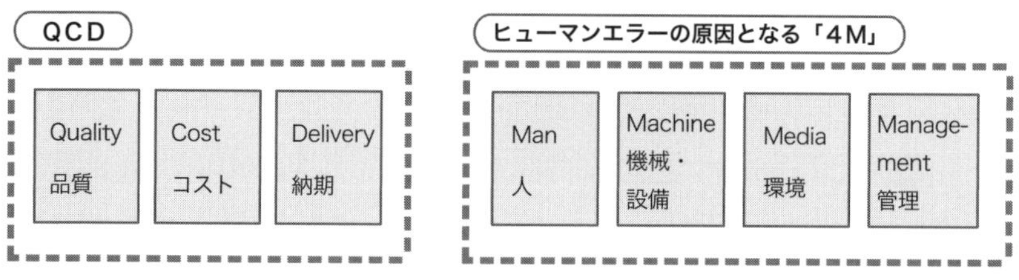

2 オフィスワークを分析する３つの切り口

航空機パイロットのエラー防止の研究成果として「ＳＨＥＬモデル」という分析手法があります。科学技術の発達に伴い、航空機自体の性能や故障が原因で起きる事故は極めて稀になり、その結果、コックピットの乗員と航空管制官の対応などのヒューマンエラーを原因とする事例が多く報告されるようになりました。しかし、単にその当事者の責任を追及しても問題は解決しないので、以下の４つの切り口で原因を探り、対策を立てる必要性が指摘されています(*3)(*4)。

①パイロット本人（中心の L:Liveware）

②手順などのソフトウエア（S:Software）

③航空機などの設備機器（H:Hardware）

④環境（E:Environment）

⑤副操縦士、管制官などの人々（周囲の L:Liveware）

これは第１章第２節で紹介した「４Ｍ（人間、機械・設備、環境、管理)」にも通じる考え方を、航空機のパイロットの業務に即して展開した事例です。これらを参考にした上で、オフィスワークでの問題解決や改善を考える際には、以下の３つの切り口を使います（**図表3-6**）。

①人間：仕事の当事者、関係する人々（育成、人員配置など）

②ツール：マニュアル・手順書、帳票、システム、キャビネット類など

③環境・運営：作業環境、情報連携、組織マネジメントなど

これらは、オフィスワークが行われている現場に必ず備わっている要素で、何らかの形でこの３つを使い、またはこれらの影響を受けながら仕事をしています。したがって、何か問題が起きた場合の原因分析や対策検討の際は、この３つの間口から考えていけば大きな見落としなく進めることができます。

図表3-6　分析・改善のための３つの切り口

3　３つの切り口の活用例

オフィスワークの改善や問題解決に有効な原因分析の進め方の観点から、序章の「Ａ社ものがたり」の事例は、どのような問題が影響していたのかを分析してみたいと思います。自分で分析にチャレンジしたい方は、図表3-7を埋めてからこの先をお読みください（**図表3-7、3-8**）。

一つ目の「人間」の問題としては、まず、ベテラン頼みで後任者の育成ができていないことが挙げられます。また、育成という面からは、ヒューマンエラー防止や業務改善の進め方など、オフィスワークに必要な教育研修が不十分と考えられます。

次に「ツール」の観点では、ベテラン社員が個人的に作成したノートに依存しており、チームや組織全体で使える手順書の整備が大幅に遅れています。そして「環境・運営」面では、お客さまの依頼事項が正しく伝わらないなど、情報連携がうまくできていないことが問題です。また、

図表3-7 「A社ものがたり」の問題点分析

●「A社ものがたり」の問題点分析にチャレンジ●

3つの切り口	A社における問題点と原因の分析
人　間	
ツール	
環境・運営	

序章の「A社ものがたり」で起きている問題とその原因を「3つの切り口」で分析してください。

残業の削減やミスゼロの方針についての具体的な改善の取組みがなく、号令と緊張感の醸成のみが繰り返されています。その結果、無理な条件の中で仕事を進めざるを得ない状況が発生し、ミスやトラブル発生の原因となっています。さらに、問題が起きると当事者の責任が厳しく問われ、職場が委縮する結果を招いており、組織マネジメントに大きな問題があると考えられます。

このように、「人間」「ツール」「環境・運営」の３つの切り口から分析すると、一つの職場が抱える問題の全体像が見えてきます。そして、「なぜ？」を繰り返しながら掘り下げることを通じて、問題のつながりや因果関係に気付くことができます。上記の分析が示すように「環境・運営」に含まれる組織マネジメントや組織風土の問題が、人間の育成やツールの整備を遅らせる原因となっていることが多いものです。この問題は経営に直結することから、経営が明確に方針を示した上で現場への浸透に努め、粘り強く取り組むことが求められます。この点については第５章で詳しく述べます。

図表3-8 「A社ものがたり」の問題点分析（回答例）

●「A社ものがたり」の問題点分析(回答例)●

3つの切り口	A社における問題点と原因の分析
人　間	ベテラン頼みで後任者が育成できていない ヒューマンエラー防止など、オフィスワークに必要な教育研修が不十分
ツール	チームや組織全体で使える手順書の整備が不十分
環境・運営	情報共有が不十分で、お客さまの依頼事項が正しく伝わらない 残業削減やミスゼロの方針について、号令だけで具体的な改善取り組みがない 緊張感の醸成だけが繰り返され、職場が委縮する結果となっている

効果的な対策の進め方

1　対策検討で力を発揮する「9つのマトリックス」

原因の分析ができたら、次は対策の検討と実施に移ります。一見「単純」なミスほど原因を分析し、対策を検討することはいずれも難しいものです。

がん検診の結果を「要精密検査」と通知すべきところ、誤って「異常なし」と伝えたために、処置が遅れて死に至ったという事例が報道されています。マニュアルには「2人で読み合わせをする」と書かれているにもかかわらず、実際は1人で作業したためにチェックがかからなかった「事務ミス」が原因でした。自治体では「再発防止を徹底する」とのことですが、「受診結果をそのままコピーして送付」「(担当を) 5年以上同じ部署に所属させない」という報道だけでは納得できません。高性能な医療機器で優秀な医師が判断しても、結果の通知を間違えれば尊い人命を失うことになるのです。

金融機関などのサービス提供業務についても同様です。限られた人員で業績目標を達成するためには、どうしても事務などの対応が後回しとなり、また、ミスやトラブルの防止についても取組みが不十分になりがちです。しかし、どんなに素晴らしい資産運用をしても、その結果報告を間違えばお客さまが不利益を被ることになります。金融機関にとって事務は本来、「最後の砦」であるべきものなのに、ともすると「簡単な仕事」とみなされて十分な対策が講じられないために、重大な問題を生みかねないのです。

対策検討の際に陥りやすい誤りの一つが、「単純な裏返し」です。例えば、分析の結果「連絡体制が不十分」が原因と判明した場合、「連絡を密に取りましょう」という対策だけで十分でしょうか。もちろん、念のために声をかけ合うなどは、習慣としては大変良いと思います。しかし、だれ(またはどのセクション)が、だれ(同)に、何(情報の種類)を伝えるべきなのか、また、どのような場合にそれが必要なのかという定義付けができていないと、再発防止としては不完全なものになってしまいます。

したがって、業務フローや手順書にそれらの要件を明記する、また、その内容についてミーティングや勉強会で徹底するなどの対策が必要になります。対策は単品ではなく組み合わせることで効果を増します。ここでも見落としや漏れを防ぐために、原因分析で登場した「人間」「ツール」「環境・運営」の切り口を活用します。そして、より多くの具体案を元に詳細な検討を行うためには、以下のようにさらに3つずつに分けて9つのマトリックスを使います(**図表3-9**)。

図表3-9　分析・改善のための「9つのマトリックス」

人　間	ツール	環境・運営
「**ヒューマンエラー**は起きるもの」という前提に立って対策が実施されているか？	仕事の**プロセスを管理**するためのフローチャート、手順書、チェックリストなどが整備・活用されているか。	集中力が必要な場合の作業場所確保等、**執務環境**は整備されているか？
業務知識・スキルの習得状況管理に基づいた、**計画的な育成**が実施されているか？	システム、EUC※などの仕組みや**正しい使い方**を理解しているか？EUC 変更履歴が共有化されているか？	朝礼、掲示板、メモ、イントラネットなどを活用し、業務上の**情報共有**が確実に行われているか？
多能工化を進め、業務量急増、異動・退職等に伴う戦力ダウンへの準備ができているか？	帳票類は、見やすく、**使いやすいもの**となっているか？キャビネット等は使いやすい配列になっているか？	失敗に学び、気付いたことや困っていることなどを積極的に取り上げ、改善する**組織風土**となっているか？

※EUC:End User Computing

1．人間

①ヒューマンエラー対策

②育成、研修

③多能工化等による資源効率アップ

2．ツール

①業務プロセス管理

②システム（EUC（注）を含む）仕様の理解と変更管理

③帳票、キャビネットの使い勝手

3．環境・運営

①作業環境などの執務設備

②業務に必要な情報の共有体制

③問題を共有し、前向きに解決する組織風土

注：EUC は End User Computing の略でエクセルマクロなどの簡易システムが一般的。

2 ９つのマトリックスの内容

それでは、３×３で作る９つのマトリックスの各項目の内容を説明します。

<人　間>

1.ヒューマンエラー

ヒューマンエラーの正体については第１章で説明しました。ここでは皆さんが学んだ内容を、その職場、チームなどの組織として共有し活用できているかがポイントです。具体的には、研修プログラムの中にしっかりと組み込んで定期的に周知を図るとともに、業務の中でのエラー体験について積極的に話し合う場（環境）を持つなどの取組みも含まれます。「人間は間違う習性を持っている」ことを前提に対策を考え、実行する姿勢が求められます。

2.計画的な育成

オフィスワークを効率的かつ確実に進めるためには、以下の３つのテーマをしっかり学ぶ必要があります。入社年次、業務習得状況、業務歴等の条件を踏まえて計画的に教育・研修の機会を設けます。

①業務知識：金融、証券、保険など、各業務に必要な制度や商品知識
②ツールの仕様：決済システム、業務基幹システム、エクセルマクロ、ＲＰＡなど、業務で使っているシステムの仕組みや仕様の理解
③オフィスワークマネジメントに関する知識：本書で解説している、オフィスワークのマネジメントに共通して求められる考え方、手法、スキル

3.多能工化

一つの仕事を複数の人ができる状態を作り、業務量の変動、人事異動、感染症や災害などの緊急事態にも対応できる体制づくり。「できる人」

を増やしておくことにより、応援や代替などの対応がやりやすくなります。

<ツール>

4. プロセス管理ツール

第２章第２節で説明したように、オフィスワークは情報を加工してサービスや成果物を提供する仕事です。複数の「加工」を経て完了し、また、情報自体は直接目で見ることはできません。したがって、プロセスをフローチャートなどの形式で表現して共有するとともに、各工程の作業内容等を手順書で明確に定義します。

5. システム仕様の理解と変更管理

オフィスワークの中ではいろいろなシステムが使われています。大規模な基幹システムのほか、サブシステム、さらにエクセルマクロのような簡便なものまであり、それらが組み合わせて使われていることもあります。最近ではさらにRPA(注)の導入も進んでいます。これらは煩雑で大量の処理を自動化できるのでとても便利ですが、処理内容を外から見ることができません。

その仕組みを十分理解していなくても、決められた操作を繰り返すことで日常業務はこなせます。しかし、その状態では異例ケースの処理やトラブル修復などの場合に正しい対応ができません。したがって、システムがどういう仕組みや手順で動いているのかを文書の形でメンバーが共有し、正しく理解できる状態を作る必要があります。そうすることにより、新任の担当者も正しい使い方を効率的に学ぶことができます。

もう一つ重要なポイントは、業務上の条件変更（法令改正、サービス更改など）に伴い、これらのシステムの仕様を変更する必要がある点です。特にエクセルマクロなどの簡便なシステムほどこの対応が漏れがちですが、これはミスやトラブルにつながりますのでしっかりと管理します。また、仕様を変更した場合はその内容を記録して共有しておかないと、正しい使い方を徹底することができません。変更管理簿を備えた上でミーティングや研修を通じた共有が必要です。これについては第４章第３節で詳しく説明しましたので、そちらも合わせてお読みください。

6. 帳票、キャビネットなどの使い勝手

毎日使う身近な道具が使いやすい状態になっていますか？「ちょっとしたガマン」が重なると、それに煩わされた分、注意力が損なわれてヒューマンエラー発生のリスクが生じます。項目の配列や文字の大きさが不適切な帳票があれば、所定の手続きに基づき改訂しましょう。ファイルボックスやキャビネットなどが使いにくい状態であれば、チームで相談して配置の変更や買い替えなどを行いましょう。

工場などでは「５Ｓ（ごえす）」という取組みが活用されています。これは、「整理」「整頓」「清掃」「清潔」「躾（しつけ）」の頭文字（５つの「Ｓ」）からつけられた名称です。工具、台車、原材料などを使いやすい状態にして、きれいで働きやすい職場を維持することが狙いです。最後の「躾」は「習慣」と読み替えてもいいと思います。これができているかどうかが、事故の防止や仕事の効率を左右します。私たちのオフィスワークでも同様です。雑然としたオフィスは書類紛失などのリスクが高く、作業効率も悪くなるので、ぜひ「５Ｓ」の活用をお勧めします。

＜環境・運営＞

7. 作業環境などの執務設備

大量のリストチェックなど、集中力を発揮すべき作業は静かな環境で行う必要があります。人間の能力が十分発揮しやすい環境を整えるという点では、騒音のほか、採光、室温、さらに作業机等の什器の条件（高さ、広さ）にも配慮する必要があります。自由で活発な意見交換を行う場合は、リラックスできて、適度に非日常性を感じられるような丸テー

ブルやソファーなどが効果的ですが、作業の場合は、疲労を避けて集中できることが重要です。これは難しく考える必要はなく、要は「やりにくい」と感じるような状態（騒音など）をガマンしている分、集中力などの人間の能力が損なわれている、ということです。

8. 業務上必要な情報の共有

「法令改正があったため、来月からこの帳票は新しいものを使う」という情報が全員に伝わっていないと、手持ちの古い帳票を使ってしまうトラブルが発生します。業務上必要な情報は、文書や電子メールなどの形で確実に伝達する必要があります。また、職場の実態として情報量が多い場合などには、さらに朝礼などの定例ミーティングでの確認も必要です。ミーティングの場合は、その日の欠席者やシフト勤務等で参加できなかったメンバーに対して別途伝達方法を決めるなど、漏れがないよう徹底します。また、「顧客からの特別依頼はこのコーナーに掲示する」など、情報が発生した時点での取扱方法を含め、確実・迅速に伝わるようルール化しておくことが必要です。

9. 失敗に学ぶ組織風土

オフィスワークの現場では、「うまくできた」ことよりも、失敗やトラブルの話題が多くなりがちです。この業務が「できて当たり前、間違いは許されない」という宿命を背負っているためやむを得ないことかもしれません。したがって、ミスやトラブルなどの「好ましくない」情報の扱い方が、その組織の雰囲気、風土に大きく影響します。第１章で述べた人間の習性やヒューマンエラーが起きる仕組み、第２章のオフィスワークのリスク構造などの知識、そして本章で説明している改善の進め方などを活用して前向きに取り組む必要があります。それぞれの課題に積極的に取り組むことを通じて、組織の状態を良い方向に変えることができます。これについては第５章で詳しく説明します。

注:RPA は Robotic Process Automation の略。

3 9つのマトリックスの活用例

この9つのマトリックスを活用して、序章に紹介した「A社ものがたり」の問題点をまとめてみましょう（**図表3-10**）。図表3-8で使った「3つの切り口」をベースにしていますが、さらに分析が深まることが理解できると思います。

まず、「1．ヒューマンエラー」の観点では、業務の見直しを行わず、退社時刻厳守だけで残業削減を実現しようとしたため、人間が発揮できる注意力の限界に達したものと思われます。また、人間はエラーを起こすという前提で組織として対策を講じる必要があるにもかかわらず、ミスが起きると個人の責任追及に終始するというのは誤った考え方です。そして、ミスが続く状況を「リーダーと課長がチェック」という対策で乗り切ろうとしたことは、効果に疑問があるばかりでなく「社会的手抜き（各人の責任感の希薄化）」が生じるリスクにも注意を要します。

図表3-10 「A社ものがたり」の問題点を9つのマトリックスで分析する

人　間	ツール	環境・運営
<ヒューマンエラー対策> ●業務の見直しを行わずに退社時刻の厳守を優先した結果、人間が発揮できる注意力の限界に達した ●ミスが起きると個人の責任追及に終始 ●「リーダーと課長がチェック」という対策で「社会的手抜き（各人の責任感の希薄化）」が生じるリスクを誘発	**<仕事のプロセス管理ツール整備>** ●手順書が未整備で引継ぎがうまくいかない ●営業担当によってやり方がまちまち ●関係本部への報告が増える中で仕事が複雑化	**<作業に適した執務環境>** ●具体的な問題点は記載されていないが、「仕事がやりにくい」条件があっても、改善の相談や取り組みは困難な状況と推察される
<計画的な人員育成> ●後任者が育たず、ベテランに負担が集中して退職を誘発	**<システム等の仕様理解と変更管理>** ●係数集計の仕事の習得の負担が増加	**<情報共有体制>** ●お客さまの個別の依頼事項が事務担当者にうまく伝わらない
<多能工化による戦力機動性> ●ベテランに負担が集中して退職を誘発	**<帳票、キャビネット等の整備>** ●具体的な問題点は記載されていないが、「使いにくい」帳票や什器があっても、改善の相談や取り組みは困難な状況と推察される	**<失敗に学ぶ組織風土>** ●同様のミスが「以前にも繁忙期に起きていた」と証言されている ●ミスを起こした個人が責められ、朝礼で涙を見せる ●緊張感で乗り切ろうとするので職場が委縮する ●職場の雰囲気が暗くなって退職を誘発する

また、「2．計画的な人材育成」や「3．多能工化」が不十分だったために、ベテランに負担が集中して退職を誘発し、さらに後任者が育っていないために苦労するという悪循環も生まれています。

次にツールの観点で見てみましょう。引継ぎがうまくいかない、営業担当者によってやり方がまちまち、関係本部への報告が増える中で仕事が複雑化する、などの問題は、手順書整備をはじめとした「4．プロセス管理ツール」の取組みが不十分であると考えられます。また、係数集計業務習得の負担が増している状況は、「5．システム仕様の理解と変更管理」が不十分である点にも原因があると考えられます。

さらに、環境・運営の面からは重要な問題点が見えてきます。まず、お客さまの個別の依頼事項が事務担当者にうまく伝わらないという事象は「8．業務上必要な情報の共有」の仕組みやルール化に問題があります。そして、同様のミスが「以前にも繁忙期に起きていた」との証言から、「9．失敗に学ぶ組織風土」に大きな問題があることがわかります。過去に失敗が起きた際、積極的にその事実から学び、具体的な改善に取り組んでいれば再発は防げた可能性があります。

また「組織風土」は組織の体質とも言えるもので、さまざまな場面で露呈します。「A社ものがたり」に見られる、ミスを起こした個人が責められ朝礼で涙を見せる、緊張感で職場が委縮する、雰囲気が暗くなって退職を誘発する、などの出来事は、この組織の風土がもたらした結果と言えます。そして、これらの根底には、課題の優先順位の明示や人員配置など、経営としての取組みに問題があることを認識する必要があります。「手順書の整備がテーマには上がってくるがお題目に終わる」という状態もこの問題を象徴しています。

以上が、「9つのマトリックス」の観点から「A社ものがたり」に直接記述された内容を分析した結果です。また直接の記述は見られませんでしたが、このような職場では、「6．帳票、キャビネット等の使い勝手」、「7．作業環境などの執務設備」などに問題があっても放置されていた可能性があります。このように「9つのマトリックス」を活用することにより、問題点の見落としを防ぎ、多角的に分析を行うことができます。ぜひ、序章の内容と「9つのマトリックス」を見比べて確認し、皆さんの仕事に役立ててください。

4　9つのマトリックスに関する本書の解説

以上の説明で、「9つのマトリックス」を活用することにより、オフィスワークにおける問題解決や改善のポイントを洗い出せることが理解できたと思います。さらに具体的な改善を進めるために、このマトリックスの各項目に関しては、以下の解説をご活用ください。

<人　間>

「ヒューマンエラー」に関しては第1章「人間を知る」で、その発生メカニズムと実務の中で起きやすい事例等を解説しています。「計画的な育成」については、第5章第4節の「オフィスワークマネジメント人材育成プログラム」で、習得すべき項目と育成の進め方を解説しています。「多能工化」については、第4章第1節で、業務標準化の効果の刈り取りとしての進め方を、そして人材育成の進め方の観点を第5章第4節で解説しています。

<ツール>

「プロセス管理ツール」については第3章第5節「業務標準化の必要性と効果」でその考え方を、そして続く第6節の「業務標準化の進め方とツール」で具体的に解説しています。「システム仕様の理解と変更管理」については第5章第4節ではその習得の必要性を、そして第4章第3節では業務上の要件やシステム仕様に変更が生じた場合の管理運営のポイントを解説しています。

<環境・運営>

このカテゴリーでは「組織風土」がもっとも重要で、これは9つのマトリックス全体の土台であることを第5章で解説しています。第1節では失敗から学ぶことの大切さと具体例、第2節では健全な組織のあり方と具体的なチェックポイントについて述べています。序章で紹介した失敗事例の分析を続く第3節で行っています。

問題解決は改善の第一歩です。ミス、トラブル、クレームなどの足元の問題を解決し、さらに品質をアップしながら人材を育てることにより、働きやすい職場とお客さまに喜ばれるサービスが実現し、それらを土台に新たな経営課題に取り組むことが可能になります。オフィスワークにおける品質向上の取組み方については第4章第4節で説明しますが、その中で重要なテーマとなる業務標準化について、次節で詳しく述べます。

第5節 業務標準化の必要性と効果

1 ベテラン社員への過度の依存が失敗を招く

オフィスワークの品質と生産性を向上する業務改善を進めていくために重要なことは、「○○さんしかできない」や「担当者によってやりかたが違う」という状態をなくすことです。これは仕事が人に付いていることから「属人化」と呼ばれています。「A社ものがたり」の失敗事例でも、営業担当によってやり方が異なる、仕事を習得するまでに時間を要する、ベテランの負担が大きい、後任者が仕事の引継ぎがうまくできずにミスが発生する、などの問題が散見されますが、これはまさに「属人化」の表れです。

「９つのマトリックス」の各項目はそれぞれ重要な意味を持っていますが、オフィスワークではとくに標準化の立ち遅れが目立つことから、改善に取り組む際に最も優先すべき課題と考えます。確かに、仕事の内容をすべてマニュアルや手順書で記述することは困難です。筆者が信託銀行の総務部に配属されたとき、上司から「総務にはマニュアルはないよ、全部常識だから」とあっさりと言われて戸惑った経験があります。また、営業担当だった頃、「こういうことが大事なんだ、飲みに行ったら教えてやるから」という先輩がいて困った記憶もあります。

会社の総務には社内のさまざまな相談事が集まってくるので、それらの「答え」を網羅して準備することはできません。また、取引先の担当者のキャラクターや好みまでを手順書に収めることはできないでしょう。しかし、仕事には基本的なルールや手順があり、定型化した（またはできる）仕事も多くあります。それらについて文書の形で内容を定着化し、必要に応じていつでも参照できる状態になっていれば、混乱を防ぎ、内容の確認や新任者育成にも役立つはずです。

筆者が長年在籍した証券代行部門では、繁忙の中でもマニュアルや手順書の整備と若手の育成に努めていました。その結果、能力があれば業務経験２～３年程度でも検印権限を付与して活躍してもらいました。一方、在職中に他社との合併を２回経験した際、合併相手の会社では業務経験年数や職種に基づく権限範囲を重視する結果、入社後10年程度経たないと権限が与えられない運営がなされていました。このような運営は属人化状態を助長し、新任者育成がうまく進まない結果につながっていました。このことからも、業務標準化と人材の育成は密接に関連していることがわかります。

第２章で説明したように、オフィスワークは「情報の加工プロセス」です。そして、仕事の対象が「情報」という無形物であるために、このプロセスが直接見えにくく、属人化を生む大きな原因となっています。したがって、オフィスワークにおいて問題解決や改善を進める場合は、この属人化が大きく関係している点を踏まえて取り組む必要があります。

2 属人化を防ぐ標準化とは

属人化（仕事が人に付く状態）を防ぐための取組みが「標準化」です。オフィスワークでは「いつ、だれがやっても同じ品質と時間でアウトプットできる」という状態が標準化された姿です。

標準化は元々製造業で研究されてきた手法です。自動車産業が栄えた歴史は、量産システムによって作られました。ベルトコンベアが流れる中で効率的に生産するためには、作業方法と作業時間を統一する必要がありました。また、最近話題になる「匠の継承」にも必要な取組みです。ベテランの技術者が経験と勘で行ってきた技を次の世代に引き継ぐためには、その内容を伝わる形で定着させる必要があります。

標準化を「標準的＝普通レベル」と受け止めると誤解が生じます。「自分はだれにも負けない、最高のレベルで仕事をしている」というプライドのある人には「普通＝皆と同じ」は受け容れがたいでしょう。また、このようなプライドは特に付加価値を重んじるサービス産業において重要な要素と考えられます。しかし、オフィスワークを「情報の加工と連携でサービスまたは成果物を提供する仕事」と定義すると、あたかも工業製品と同じようにアウトプットの「品質」が問われます。

そこで、オフィスワーク標準化の目的である「いつ、だれがやっても同じ品質と時間でアウトプットできる状態を作る」ことを具体的に見ていきましょう。まず、「いつ」については「平常時も繁忙時も」がポイントです。第１章で学んだように、人間は忙しい、または時間に追われている状況では、気持ちの焦りからミスを起こしやすくなるとともに、いつもの手順を省略したくなる習性があります。したがって、どんな条件でも所定の手順を確実に実行できるよう定めておきます。

また「だれ」については、「初心者もベテランも」がポイントです。仕事を覚えたての頃は、手順を正確に実行するためのサポートが必要です。先輩がお手本を示し、その通りにできるよう練習する方法が一般的ですが、「お手本」の詳細な内容が文書などの形でまとまっていれば理解も早く、またマスターするまでの期間は、いつでも参照しながら正確に仕事を進めることができます。そして「ベテランも」という点も重要です。人間の習性として「慣れ」が「上の空」を招くことを第1章で学びましたが、これを防ぐためにも手順を定めておくことが必須です。また、作業ごとの標準的な所要時間を決めておくことは、業務の効率化とメンバーのスキル管理にとって必要なポイントです。

3 標準化で得られる効果

オフィスワークにおける業務改善テーマの代表的なものとしては「ミス防止」「残業削減」「業務効率化」などが挙げられます。前項で説明した標準化は、これらの課題を達成するために最も効果的な取組みです。

ミスやトラブルの原因を探ると、「手順があいまいだった」「前任者からの引継ぎが不十分だった」「繁忙のためチェックしなかった」などの問題点が見えてきます。これらは、手順書整備などの標準化の取組みをしっかり行うことで防止できます。実務の状況に応じて、手順書の内容を漏らさず実行するためのチェックリストの活用もこれに含まれます。

また、残業削減や業務効率化のためには同じ仕事を複数の人ができる状態を作り、業務量の変化に応じて機動的に人員シフトできる体制を作る必要があります。この取組みについては次章で詳しく説明しますが、まず業務の標準化ができていることが必須条件です。市況の変動等に伴う業務量の急増や、締切時間に間に合わせるために応援体制を作ることができれば、作業負荷を軽減でき、注意力を確保した上で所定の手順や確認を正確に実行することが可能です。この取組みは残業削減とともに、成果物がお客さまの手元に届くまでの時間短縮が可能なことから、サービス向上にもつながります。

働き方改革のテーマとして、育児、介護、有給などの休暇取得促進があります。個人生活にとって必要な条件を確保しながら仕事を続け、さらに人生100年時代に向けた自分のキャリアアップや人生設計を積極的に進めるために必要なことです。そして、このような個人生活の充実が、仕事の面にもプラスに働くことが期待されています。

一方、多くの職場では「制度はあるが休みにくい」というのが実態ではないでしょうか。トップや上司から「休暇制度を活用しなさい」と言われても、お客さまや同僚に迷惑をかけたくないという気持ちが働くため、自分の代わりにできる人がいなければ、安心して休暇を取ることはできません。標準化は時間と労力を惜しんではできません。それだけに、ここで説明している「目的」や「メリット」をきちんと理解し、メンバーで共有することが必要です。そして、この標準化ができていれば、異動や退職でベテランが去ったときでも混乱を避けることができます。

第6節

業務標準化の進め方とツール

1 ベテランの分身づくりはフローチャートから

「いつ、だれがやっても同じ品質でアウトプットできる」ための業務標準化を実現する最も基本的な取組みは、手順書の作成と整備です。いきなり手順書を作成するのが難しい場合は、まず仕事（作業）の流れを書くことから始めます。

業務経験が長く周囲の信頼が厚い人でも、手順書の作成に苦労することは珍しくありません。長年の経験を通して身に付いた仕事について、改めて手順を書き出すことは難しいものです。その場合でも、仕事の流れを描くことからスタートすれば取り組みやすいでしょう。

具体的には、仕事の流れを**図表3-11**のような流れ図（フローチャート）を使って書き出します。どの程度の細かさで書くかについては、帳票ごと、オペレーションごとに考えます。この方法のメリットは、手順の漏れをチェックしやすいという点です。

「これの前にやるべきことはないか？」「これとこれの順番は間違いないか？」などを確認しながら作成することにより、正しい手順を表すことできます。特に「確認する」などの作業については、だれが何を使って何を確認するのかなど、ポイントをできるだけ具体的に記入します。

例えば銀行窓口での預金口座開設のフローチャートの記載項目は、次のように整理できます。

①お客さまに口座開設申込書の記入を依頼する
②印鑑票の署名・捺印を依頼する
③反社会的勢力でないことの表明・確約に関する同意書の記入を依頼する
④取引時確認書類(注1)の記入を依頼する
⑤外国 PEPs(注2)への該当状況確認書類への記入を依頼する
⑥税務上の居住地国に関する確認書類の記入を依頼する
⑦キャッシュカード用の暗証番号の登録を依頼する
⑧端末で口座開設のオペレーションを行う
⑨預入れ現金を面前確認し、さらにオートキャッシャーに表示された

図表3-11 フローチャートと手順書のサンプル

A.「フローチャート」の作成

●仕事の手順を書き出す（手順数は必要に応じて増やす）

書き出し方の例：「○○を▽▽する」

連携すべき相手（例：伝える、渡す）があれば下の欄に明記する（なければブランク）

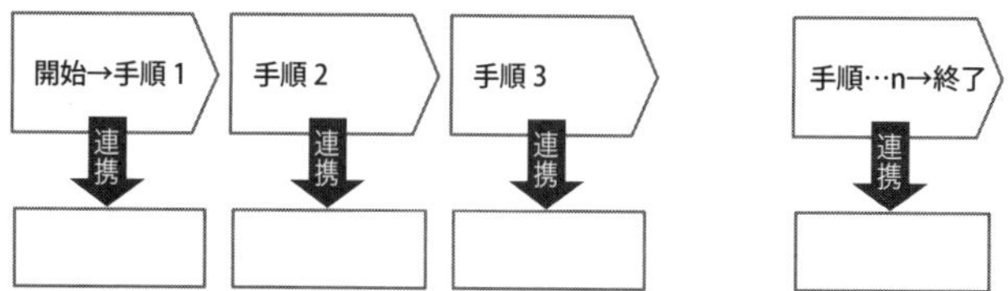

（1）フローチャートに手順を書き出した例（金融機関での口座開設）

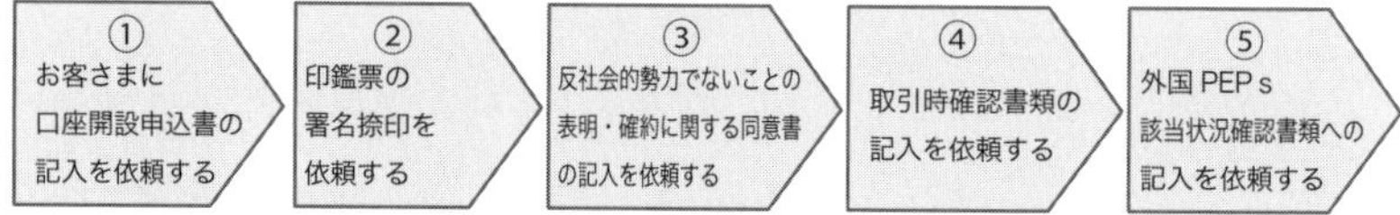

（2）「連携」の説明

「フローチャート」に記載した「連携」の情報に基づき、担当相互の仕事の連携（伝達、送付など）を整理することにより、「伝達漏れ」などのトラブルを防止する

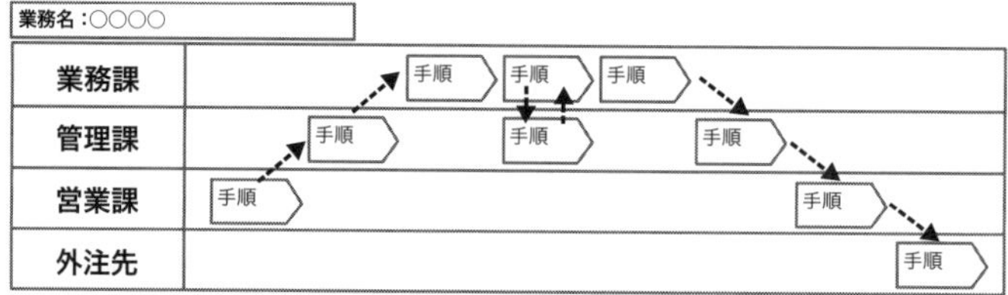

（3）条件により取扱いが分かれる場合（分岐）

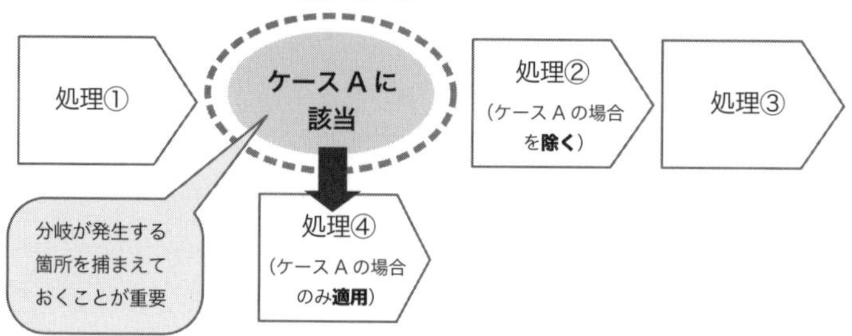

B.「手順書」の作成

※記載例：「△△の□□を確認し、○○を▽▽する」
「△△を使い、○○を▽▽する」

（1）手順1

①______

②______

③______

（2）手順2

①______

②______

③______

C.「手順書」ではサンプルを活用する

〈出力帳票の見本と項目解説〉

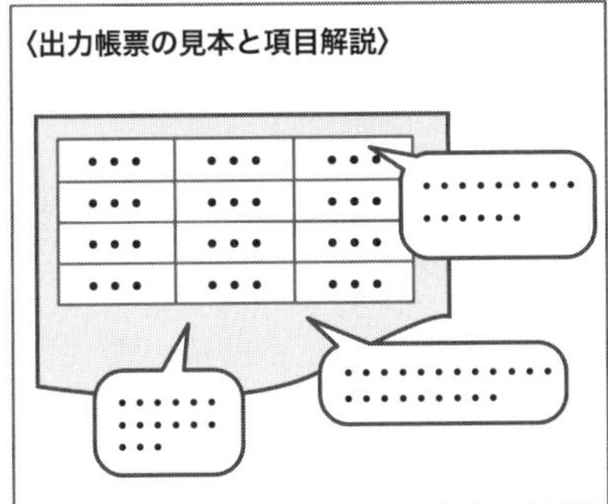

〈操作手順を写真で解説〉

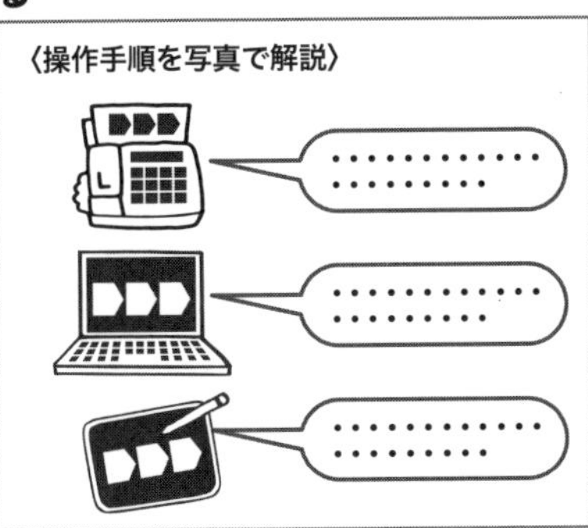

D.「フローチャート」と「手順書」のまとめ方

（1）各仕事の手順の流れ（「フローチャート」）

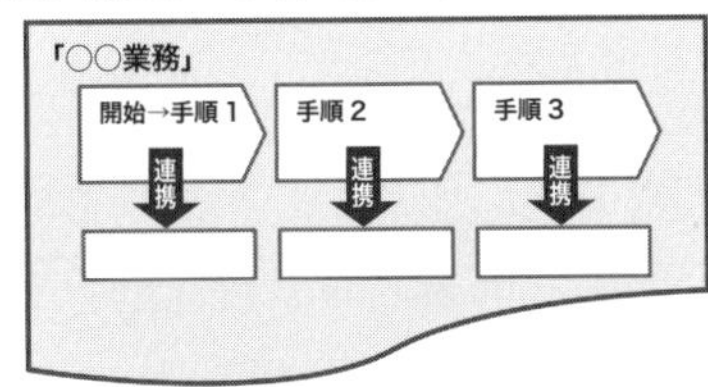

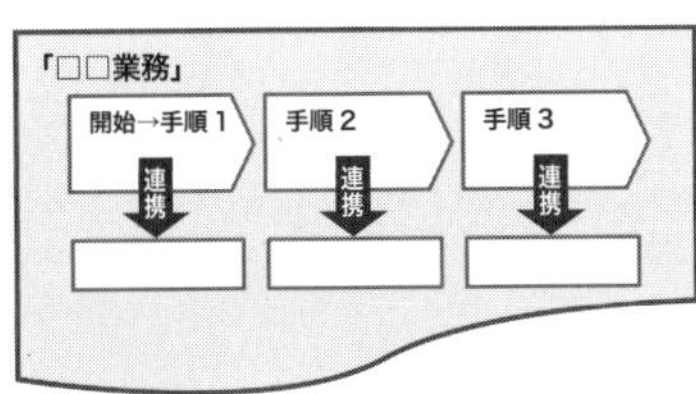

（2）各手順の詳しい作業解説「手順書」）

「□□業務」手順1
1
2
3
4

現金を伝票に記入された金額と照合して入力する

⑩通帳の種類（絵柄）をお客さまに選択してもらう

⑪役席者に照合を依頼する

⑫お客さまに通帳と約款をお渡しし確認を依頼する

この事例は、金融機関の業務でも最も基本的なものなので、すでに手順書が整備されているケースが多いと思われますが、フローチャートを作成する場合の項目設定の目安（帳票、オペレーション単位）として参考にしてください。

注1：マネーロンダリング防止のために依頼者の職業、取引目的等を確認する書類
注2：外国政府等において重要な公的地位にある人等

2 手順書作成のポイント

フローチャートで仕事の流れが書けたら、いよいよ「手順書」の作成です。フローチャートの項目ごとに、作業内容を具体的に記述します。

その際、各項目の冒頭にその作業の目的、達成すべき成果物を定義することをお勧めします。例えば「口座開設申込書の記入を依頼」であれば、「口座開設の意思確認と登録情報の確定」が目的であり、「所定の事項を自筆で全て記入した申込書」が最終成果物となります。その上で新任者でも迷うことなく正確に仕事を進められるよう、作業の方法を詳細に記載します。一方、実務の場面で使いやすいよう、長い文章は完結にまとめる、一覧できるなどの工夫も必要です。作業手順を箇条書きで説明し、必要に応じて帳票記入見本やシステムの画面サンプルなどを活用すると効果的です。

また「○○の場合は、～する」など、ある条件が加わった場合に追加、または異なる処理が必要な場合は、その旨をしっかりと記載します。そして、これはフローチャートにも明記しておく必要があります（**図3-11-A.-(3)**）。

流れに分岐を表示しておくことにより、どちらに進むかの確認を促す効果もあります。これは登山道の道標と同じで、分岐地点でいったん立ち止まって進むべき「道」を確認することができます。前項の預金口座開設の例では、⑧の端末オペレーションの際、すでに口座を保有している情報が確認できた場合は、既存口座継続へ誘導する必要がありますの

図表3-12　手順書のサンプル

手　順	作業内容	留意事項
①口座開設申込書の記入依頼	●お客さまに用紙を渡し、自筆での記入を依頼する。 ●記入された性別と外見が一致しない場合は、本人であることを確認する。 ●本人との面談を依頼し、不可能な場合は代理人届または委任状を取り受ける。 ●住所または勤務先が店舗所在地と離れている場合は、事情を確認の上で最寄りの僚店を推奨する。 ●訂正の必要がある場合は二重線上に届出印の押捺を受けるが、金額訂正の場合は再作成のみとする。	●代理人による口座開設の際の本人意思の確認は、犯罪収益移転防止法で義務付けられているので厳格に行う。 ●本人が老人ホーム入所等の理由で代理人が手続きする場合は、入所申込書控の確認、または施設長への電話確認を行う。 ●本人が成年後見制度を利用している場合は、登記事項証明書の提示を求める。
②印鑑票の署名・捺印依頼	●お客さまに印鑑票の署名・捺印を依頼する。 ●シャチハタ印は印影が変形するので受け付けない。	●朱肉が薄い場合は隣に再度押捺を求める。 ●著しく摩耗しているなど判読困難な印鑑は変更を求める。
③反社会的勢力でないことの表明・確約に関する同意書	●お客さまに反社会的勢力でないことの表明・確約に関する同意書の記入をお願いする。	●「私を疑っているのか？」とのクレームには、当局の指導方針であることを含め、その必要性を丁寧に説明する。
④取引時確認	●お客さまに取引時確認書類の記入を依頼する。 ●本人特定事項を運転免許証、パスポート等顔写真付き公的書類で確認する。	●左記以外の公的書類が提示された場合は、当該住所に転送不要の郵便物を送付して所在を確認する。
⑤外国PEPｓへの該当状況確認	●外国PEPｓへの該当状況確認書類への記入を依頼する（公的書類等の提示は不要）。 ●お客さまが「外国PEPｓの理解が困難」と訴える場合は解説資料を見せて理解を求める。	●お客さまが日本人でも、配偶者等が外国PEPｓの場合等は該当するケースとなる。
⑥税務上の居住地国確認書類記入依頼	●税務上の居住地国に関する確認書類の記入を依頼する。	
⑦キャッシュカード用暗証番号の登録	●キャッシュカード用暗証番号の登録を依頼する。	●生年月日等不正利用につながるものは避けるよう依頼する。
⑧口座開設の端末オペレーション	●氏名の漢字は、本人確認書類記載内容を確認しながら入力する。 ●姓と名の間は、フリガナを含め１字空ける。	●端末照会の際、同一人と思われる登録がある場合は、その旨をお客さまに伝えて確認し、該当の通帳および印鑑を探して後日来店することを依頼する。
⑨入金処理	●預入現金をお客さまの面前で、タテ読みとヨコ読み各１回で確認する。 ●さらにオートキャッシャーに表示された金額と伝票に記入された金額を照合して入力する。	
⑩通帳発行	●通帳の種類（絵柄）をお客さまに選んでいただく。 ●通帳表面に姓名を印字する。	●姓名印字の際、システム登録されていない特殊な文字が含まれている場合は、役席者と相談の上、お客さまの了解を得て代替文字を使う。
⑪役席者に照合を依頼する	●申込書類一式に受付時のお客さま確認情報を添えて、役席者に照合を依頼する。	●新規開設である旨を役席者に告げ、お客さまの待ち時間が最短となるように努める。
⑫通帳と約款をお渡しする	●お客さまに通帳と約款をお渡しし、確認を依頼する。	

参考資料：「バンクビジネス」2017.4.1（近代セールス社）

で、通常の処理とは別の流れを作る必要があります。

さらに、それぞれの処理に関する留意事項を記載します。通り一遍の解説に終わらずに、注意すべき点や「コツ」をどこまで説明できるかによって、その手順書の「深さ」が決まります。預金口座開設の例では、①の口座開設申込書の記入依頼の際は、お客さまの住所や勤務先と店舗所在地が離れている場合の理由確認と最寄り店への誘導、記載内容訂正の必要が生じた場合の受付基準と方法などを明記することにより、イレギュラーケースにも正確に対応することができます。また、②の印鑑票の署名・捺印の際には、朱肉が薄い場合は隣に再度押印をお願いする、摩耗した印鑑やあらかじめインクを浸した浸透印はお断りするなどの注意事項も、後日問題を生じないために必要なポイントです。

具体的なフォームとしては**図表3-12**を参考にしてください。また、マニュアルや手順書の作成については参考図書[注]もいくつか出ていますので活用をお勧めします。

注：日本能率協会コンサルティング『使える！　活かせる！　マニュアルのつくり方（実務入門）』

3　業務標準化の進め方

業務標準化の必要性を理解できても、実際に取り組むと相応の労力と時間を要するため、日常業務と並行して進めることは容易ではありません。特に「残業削減のための業務改善」というテーマが目前に控えている状況では、メンバーから「そんなこと言っても無理です」とか、「いったいだれがやるんですか」などの意見が出ることもあるでしょう。ここで明言しなければならないことは、「魔法のような残業削減策はない」ということです。

本章第５節で説明した、多能工化による繁忙緩和を実現するためには、手順書等の整備は前提条件と考える必要があります。したがって、いったんは業務標準化のための作業にかける時間をしっかり確保し、一定の裏付けを整えてから刈り取り効果（残業削減等）を発揮するという道筋を描いてメンバーで共有することが必要です。

その上で、毎日少しずつでも計画的に進めます。手順書を整備すべき対象業務を洗い出し、以下のような基準により優先順位をつけます。

①ベテラン担当者の退職、長期休暇等が予定されている

②ミスやトラブルが続いている

③作業負荷が大きいため、仕事の滞りや残業の要因となっている

④作業の締切時間に間に合わないことが度々起きる

⑤作業方法が複雑難解で担当を敬遠されがち

特に①は、これまで担当していた人がいなくなるまでの間にしっかり対応しておくことが必要です。一方、⑤については普段あまり問題にはならないことが多いものですが、ミスやトラブルのリスクも潜んでいるため、意見を出し合って積極的に取り組みたいところです。

優先順位が決まったら計画表を作成し、項目、担当、期限などを明記しメンバーで共有します。リーダーを決め、定例ミーティングを活用しながら週１回程度は進捗の確認をします。こまめなチェックを習慣とすることが「計画倒れ」を防ぐコツです。

このように体制を整えても、計画どおりには進まない項目が出てきます。その場合は、なぜうまくいかないのかを納得いくまで話し合ってください。担当者の業務経験や力量から無理が生じる場合は、担当を変更する、またはサポーターを付けるなどが必要です。また、実際に取りかかってみると、業務が複雑で作業計画自体が不適切な場合は、計画の見直しを行います。

このように、メンバーが本音で苦労を語りながら協力し合って進めることが秘訣です。そして、リーダーが出来栄えに目を配りながら、良くできている事例を全員に紹介して「お手本」「参考事例」として奨励することを通じて、全体のレベルアップを図ります。手順書作成に取り掛かってみると、普段の業務と違った面で隠れた才能やセンスを発揮するメンバーもいるものです。良いものは真似し合う風土を作り、「より良い」「より高い」レベルを目指して前向きに進めましょう。

第7節

業務全体を見ながら改善を進める

1 レンガ職人の寓話

効率化やサービス向上の改善を進めるためには、視野をさらに広げて業務全体を見渡すスタンスが必要です。

「レンガ職人」というイソップ寓話があります。街を歩いていると、レンガ職人が仕事をしていました。そのうちの一人に「あなたは何をしているのですか？」と尋ねると、「見ればわかるでしょう、私はレンガを積んでいるのです」と答えました。もう一人に同じ質問をすると、「私は今、壁を造っているのです」と答えました。そしてもう一人に尋ねると「私は建物を造っています」と返事がありました。そこでもう一人に尋ねると「私は教会を造っているのです」と答えたそうです。さらに、最後の一人が「私は人々の心を幸せにする場所を造っているのです」と答えたというバージョンもあるようです（**図表3-13**）。

この寓話が物語っているのは、「レンガを積む」という一見単純な作業でも、最終的な目的を心に描けているかどうかの違いが生じるというものです。この違いは仕事をしている人のやりがいに反映され、それはさらに仕事への理解、責任、熱意へ影響していくはずです。

図表3-13　レンガ職人に聞いてみた

レンガを積む

レンガで壁を作る

レンガで家を建てる

レンガで教会を建てる

銀行、証券会社、保険会社などの事務センターでは、データの入力や書類のチェックなどの定型反復作業がたくさんあります。これらを担当する人々が、自分の仕事を単に「入力」や「チェック」ととらえるのか、「取引状況をお客さまに提供するためのプロセス」と考えるかでは、仕事への取り組み方が違ってくるでしょう。さらに、「サービス提供でお客さまのニーズを実現するためのプロセス」と理解できれば、問題に遭遇したときの対処など仕事のレベルも違ってくるはずです。

実務の場面では、細かい点に注意しながら決められた作業に集中する必要があります。しかし、その作業を通じて最終的に提供しているサービス（商品）がどういうもので、それに対して自分の仕事がどのような役割、機能を果たしているかを理解する工夫と努力が求められます。

2　前工程、後工程、そして全体工程を見る

個々の作業を通じて最終的なサービス提供までの流れを可視化して共有するためには、業務全体の流れを描いたフローチャートが役立ちます。これを「業務全体フローチャート」と呼ぶことにします。銀行の仕事の

図表3-14　全体業務のフロー

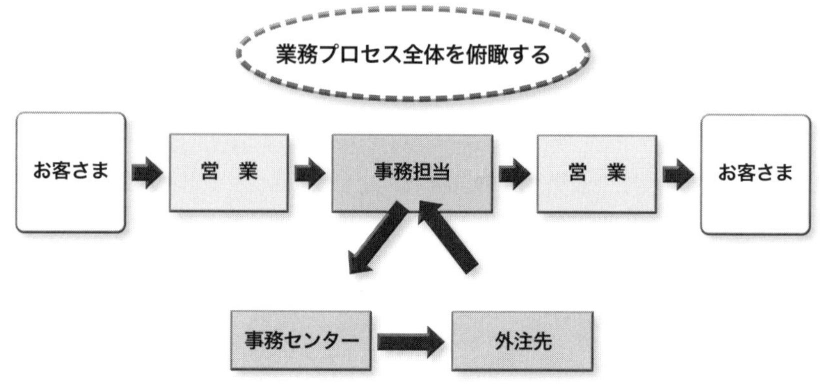

例では**図表3-14**のように、営業店でお客さまから取引依頼を預かり、支店内での事務処理、集中センターでの処理を経て、再び営業を通じてお客さまに通帳等をお返しする、という全体の流れを対象とします。

これを作って当事者間で共有しておけば、自分の仕事の前後の工程でだれがどういう仕事しているのかを、正確に認識することができます。オフィスワークは「情報の加工と連携」と定義してきましたが、このようなフローチャートを作成することにより、「加工と連携」が一連のプロセスを形成していることを具体的に理解することができます。

トヨタでは「後工程はお客さま」という標語が使われています。これは、自分の仕事を受けて次の処理をする人をお客さまと見立てて、自工程で品質を保証するという考え方です。各工程が品質を保証することを通じて、最終的に良い品質の製品を出荷できるというものです。

オフィスワークでもこの考え方を、ぜひ取り入れたいものです。営業は次の工程である事務担当の人がわかりやすいように、お客さまに正確に依頼書を書いていただくよう誘導し、特別な依頼事項や留意事項があれば、誤解のないように明記します。また、営業店から集中センターに送る書類についても、決められた連絡事項を漏らさず表示して、照会の

図表3-15　全体を見渡した効率的な取組み

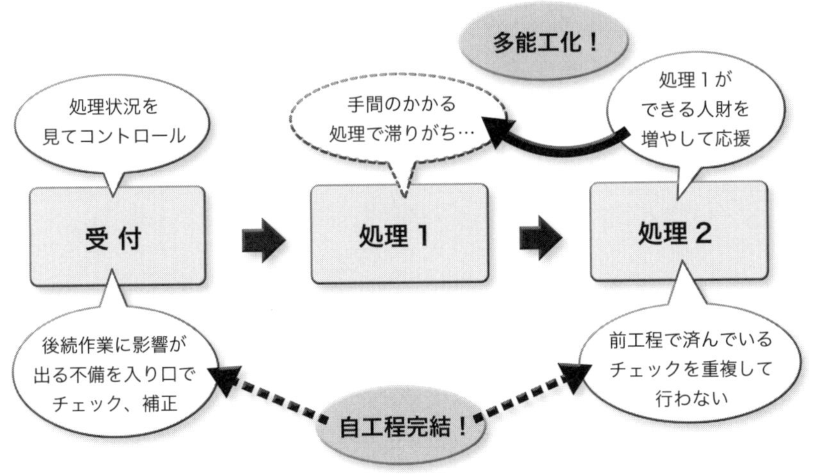

やりとりが生じないようにします。

業務改善を検討する場合にも、自分の担当箇所の改善のみに目を奪われると、他の工程で問題が発生することがあるので注意を要します。常に前後のつながり、さらに全体の流れを視野に入れながら取り組むことで、効果的な改善が実現します（**図表3-15**）。

このような管理ができていると、ミスやクレームなどのトラブルが発生した場合も、その原因究明を迅速かつ正確に行うことができます。お客さまから「依頼した内容と違う」と指摘されると、まず、集中センターや営業店事務に目が向きますが、実はお客さまからいただいた依頼書の記入方法に問題があり、その原因は営業担当からお客さまへの説明不足によるもの、ということもあり得ます。全体の流れが共有されていないと、問題が解決しないまま責任の押し付け合いで時間を浪費することにもなりかねません。

そして、このような管理は社内サービスについても効果を発揮します。例えば、社員研修に関する事務が人事管理や給与厚生事務と密接に連携する場合があります。昇格や異動に伴い、受講研修科目、資格試験受験地が変わるなどがその例です。それぞれの処理が複数のセクションに分かれ、さらにオフィスのフロアも異なると、互いの仕事がますます見えにくくなるものです。「入社」「転勤」「昇格」などのイベントにからんで、全体がどのようにつながっているかを概観できるよう、業務全体についてフローチャートを整備して共有することをお勧めします。

3 全体工程を見渡し改善のツボを発見する

業務全体のフローチャートを作成することにより、業務改善のポイントが見えてきます。さらに、社外を含めた全てのプレーヤーをつなげることにより、サービス提供の全体像を見ることができます。例えば、自社に業務を委託している法人顧客（委託元）がいれば、流れの上流に位置付けます。自社が業務を外注している先があれば、委託先として流れの中に組み入れます。このようにして委託元のお客さまや外注先までの大きな業務フローを書き表すことにより、サービス提供全体の流れが完成します（**図表3-16**）。

図表3-16　サービス提供プロセス全体を俯瞰する

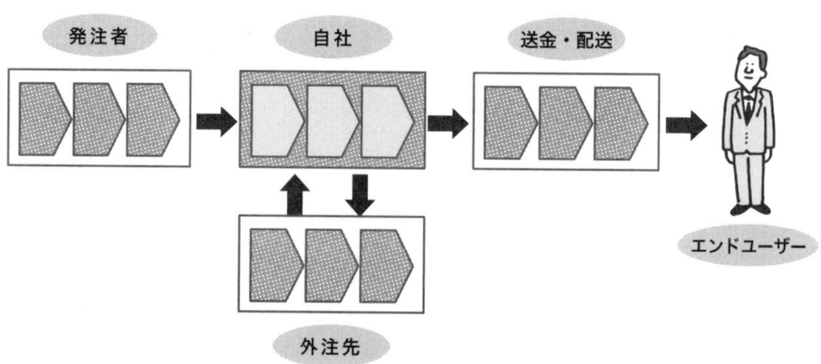

図表3-17　サービスサプライチェーンとは

一般的なサプライチェーン

「サービスサプライチェーン」の情報の流れのイメージ

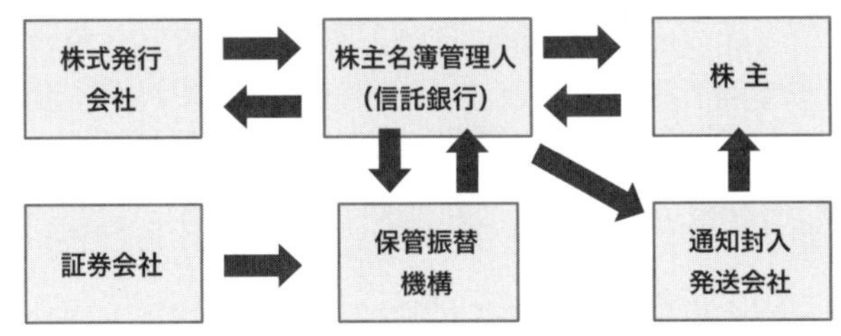

自動車はディーラーを通じて販売されますが、加工や組み立てを行うメーカー（工場）、部品や原材料を供給する会社、さらにそれらをつなぐ物流などを含む大きな流れ（サプライチェーン）が形成されています。一連の機能が有機的につながっているため、例えば自然災害が発生すると、部品供給工場の機能停止、物流幹線道路の不通などの影響で自動車の生産が止まってしまうこともあります。

先ほど説明したオフィスワークにおけるサービス提供全体の大きな流れもこれと同じ原理であることから、「サービスサプライチェーン」と呼ぶことできます（**図表3-17**）。委託元からの指示が正確でないと、自社で処理して提供した結果が不適合な内容となってしまいます。同様に、自社での作業内容に問題があると、それを元に外注先が行った作業結果に影響が及びます。したがって、この大きな流れが描けていれば、何か不具合が発生した場合も、どこに原因があるのかを的確に判断することができます。

また、モノづくりのサプライチェーンの中では、納入された部品や原材料の品質が基準に合致しているかをチェックすることにより、自社の品質を保つ努力がされています。オフィスワークも同様に、委託元からの指示内容が形式基準を満たしているか、外注先から戻った作業件数は適正かなど、ポイントを決めてしっかりとチェックを行うことが、自社の仕事の品質向上につながります。

世の中には「上流で発生した問題について下流でつじつまを合わせる」ことがあります。現在では、医薬分離政策により、医師の処方箋に基づいて調剤薬局で薬を受け取ることが多くなりました。調剤薬局では複数のクリニックの処方箋を扱いますので、それぞれの医師の「流儀」を正確に判断する必要があります。同じ薬でも一般名と商品名があり、処方箋にどちらを記載するかは医師の選択に委ねられているとのことです。

また、ジェネリック（後発医薬品）での処方を調剤薬局の判断で行ってよいかも、担当医師ごとに判断が異なります。さらに患者があらかじめ提出した「ジェネリック希望の有無」の意思表示も尊重する必要があります。まさに第６節で学んだ「分岐」が組み合わさった複雑な処理が必要になります。

筆者の経験として、希望しないジェネリックを誤って渡されたことがありましたが、後日この実状を知り、調剤薬局の苦労を理解しました。この例では、医師の処方箋作成ルールが統一できれば、混乱を防ぎ、調剤薬局の仕事の改善が望めそうです。オフィスワーク共通の問題として、このような構造で問題のしわ寄せが末端（現場）に及ぶことがあります。サービスサプライチェーン全体を描いて当事者間で共有できれば、問題の所在がどこにあるかを明らかにした上で、合理的な改善ができるはずです。

*1: マイケル・ハリー、リチャード・シュローダー「シックスシグマ・ブレイクスルー戦略」ダイヤモンド社
*2: 中田崇「ホワイトカラーの業務改善」日本能率協会マネジメントセンター
*3: F.H. Hawkins (1987)
*4: 小松原明哲・辛島光彦「マネジメント人間工学」朝倉書店

第３章のポイント

- 問題解決においては特に原因分析が必要であるため、「なぜ？」を５回繰り返して真の原因を追求する。
- 問題解決を行うためには「問題の特定」「原因分析」「対策検討」の手順を踏む必要がある。
- 原因を追求する際には、「原因」と「結果」の因果関係を見誤らないようにすることも必要。
- 原因分析では、「人間」「ツール」「環境・運営」という３つの切り口を活用する。
- 対策検討の際には、３つの切り口をさらに細分化した９つのマトリックスを活用する。
- 仕事に人が付く「属人化」を防ぐには、オフィスワークの「標準化」に取り組む必要がある。
- 標準化の基本的な取組みは、手順書の作成と整備である。
- 手順書の作成は、仕事の流れをフローチャートで整理した上で、項目ごとに作業内容を記述する。
- 手順書整備の取組みは対象業務を洗い出し、優先順位をつけて計画表を作成して進める。
- 業務の効率化やサービス向上の改善は、業務全体を俯瞰した全体フロー図を作成して進める。
- サービスサプライチェーンとして全体像を描き当事者で共有できれば、問題が生じた場合の原因分析を的確に行うことが可能。

Office Work Management

改善を進めながら運営・管理する

第1節

標準化と多能工化はセットで進める

ここまで学んだ知識や方法を活用してオフィスワークの中で発生する問題を解決できても、改善は一度行えば終わりという訳ではありません。業務を取り巻く環境は日々変化し、また入・退社や異動等で常に人は入れ替わります。改善効果を最大限に活用しながら、さらに次の改善につなげていく取組みが必要です。前章で述べたオフィスワークの業務標準化の取組み成果を、日々の業務運営の中でどのように活用していくかが次の課題です。

標準化は「いつ、だれがやっても同じ品質と時間でアウトプットできる」と定義しました。これができると、多能工化（一人で複数の仕事ができる、一つの仕事を複数の人ができる）に取り組むことが可能です。これは第３章第４節の「分析改善のための９つのマトリックス」の「人間」のテーマの１つです。元々は製造業で活用されている手法で、１人の工員が複数の工程を担当できれば、需要の変動に応じて機動的に生産ラインを切り替えることが可能です。

オフィスワークでも、市況や販売状況の変動で業務量が急増した場合などに、担当体制を機動的にシフトできれば、繁忙状況を緩和して残業削減やミス防止に役立てることができます。また、これは序章の「Ａ社ものがたり」のように、仕事の負荷集中に耐えきれずに発生したベテラン社員の退職連鎖を防ぐためにも重要な課題です。多能工化は、標準化の取組みとセットにして、計画的に効果を刈り取りながら進めるのがコツです。

計画的に進める方法としては、「どの業務をだれが担当できるか」を

図表4-1 業務習得状況管理表

	データ入力オペレーション	審査チェック	送金手続き	会計処理	月次報告書
佐藤	◎	△	(下期)	△(5月)	△(9月)
山田	△	○	○		
鈴木	○	◎	△(5月)		
木村	◎	△		◎	◎
渡辺	○	○	(9月)		○
田中	◎	◎		(下期)	○

◎：検印者　○：担当者として習得済み　△：習得中　( )は習得完了目標時期

見える状態にするため、業務習得状況管理表（**図表4-1**）を作成してスタートします。

「業務（作業）」、と「担当者」でマトリックスを作り、それぞれがクロスした箇所に業務の習得状況を記入します。「◎、○、△」でも「1～3」のような数字でも結構です。業務やチームの実状に合わせて「習得中」「習得済み」「他のメンバーの指導可能」など、基準を決めます。これにより、ブランクや「△」の箇所が多能工化の対象として浮かび上がります。特に、担当できる人がわずかしかいない業務があぶり出された場合は、優先して取り組む必要があります。その上で、標準化の取組みの際の優先順決定と同じように、「退職等が予定されている人の担当業務」「残業や締切間際に混乱が起きやすい業務」「特定の人に負荷が集中している業務」などの基準で優先順位を決めます。業務習得状況管理表のブランクの箇所に習得目標月を記載し、手順書作成計画と同期しながらメンバーで共有します。

多能工化と標準化をセットにして進める際には、新しく業務を担当する人が該当の手順書の書きぶりを評価し、不足があれば前任者と協力してレベルアップする方法が効果的です。手順書は一生懸命作成しても「100点満点」は難しいものです。一つの作業も漏らさず正確に書き表すことは容易ではなく、また、長年担当している人が「常識」と判断して記載を省略している項目の中に、重要なポイントが隠れていることがあります。このような限界や盲点にスポットを当てて改善することは重要な取組みですが、日常業務の中では時間を確保しにくいものです。したがって、多能工化の取組みは新しい眼で手順書を点検し、レベルアップする絶好のチャンスでもあるのです。

第2節

標準化に不可欠な業務点検

1 手順書から外れた作業に注意する

業務に使うマニュアルや手順書は最新・純正な内容に統一して管理し、改定以前のものや、暫定的なものなどの「不純物」が残存、混入しないように管理する必要があります。改定の要否や内容の妥当性確認については、あらかじめ運営ルールを決め、権限者の承認の下で行う必要があります。

また、ミスやトラブルの原因の一つとして、正式な手順書の内容とは異なる方法が「裏マニュアル」のような形で定着しているケースがあります。「この方が早くできるから」「この方が便利だから」という理由であっても、ミスやトラブルを生むリスクを伴うことがありますので注意を要します。

例えば、本来はお客さまが記入した原書類を使ってデータを作成すべきところ、2次情報であるリストを使った場合には、そのリストの入力ミスをそのまま引き継いでしまう結果につながります。つい「便利だから」という理由だけで便法にすり変わると、ミスやトラブルにつながるリスクが生じます。また、本来ダブルチェックすべきところ、繁忙が続いたためいつの間にか省略、また、入力の都度チェックすべきところ、後からまとめてチェックしたために見落としが発生、などのケースにも注意が必要です。

手順書で定められた作業方法に無理があれば、「やりにくいこと」自体にリスクがあると考え、見直しが必要です。しかし、この場合も担当者の判断で勝手に行うのではなく、上司や権限者と相談しながら手順を踏んで進める必要があります。

2 自らの仕事は自ら守る

オフィスワーク標準化の取組みの成果を維持するためには努力が必要です。「このくらいはいいだろう」という安易な判断や、手順書の誤解や権限外の改変などを防ぐためには、定期的な点検が必要です。点検のポイントは、「手順書で定められた通りに作業が行われているか」ということです。手順や方法はもちろんのこと、標準時間が記載されている場合は、その範囲で完了しているかについてもチェックします。特に「確認する」という工程は、「どの書類のどの項目と照合しているか？」というレベルでチェックします。面倒だと感じるかもしれませんが、正確な情報に基づいて仕事を進めるためには、このような厳密な点検が必要です。

そして、もう一つ大切なことは、この点検を「自分たちで行う」ということです。不正防止を目的に行うチェックは第三者が行うべきですが、ミスやトラブルを減らし、良い品質でアウトプット（サービス）を提供するには、「品質は自分たちで作る」という姿勢が大切です。これは点検に限らず、日常の仕事でも同様です。「後でだれかがチェックしてくれるだろう」という意識や姿勢で取り組むのではなく、「品質は自分の仕事の中で作る」という姿勢を保つことによって最終的に正確なアウトプットが約束されるのです。

これはモノづくりで行われている「自工程完結」という考え方で、トヨタを筆頭に品質保証のための手法として活用されています。オフィスワークではついチェックが後回しになる、他人任せになることがあるので、ぜひこの方法に学びたいものです。具体的には、月１回、隔月、３ヵ月に１回など、必要に応じて実施時期を決め、手順書に即して実務の状態を点検します。ミスが起きやすい業務、手順が複雑な業務、習得が難しいなど、業務の実態に即して対象を決め、頻度についても実施可能なレベルでルール化するのが長続きのコツです。

3　手順書の問題点を掘り起こして改善する

自主点検を定期的に行うと、手順書通りに実行されていない処理に気付くことがあります。その場合はまず、該当の作業、処理内容と手順書の記載がどのように異なっているのか、実務担当者と点検担当者で相互に確認し、不一致点を明確にします。次に不一致となった原因について確認します。手順書の理解不足や失念であれば、その時点で作業方法を手順書に即したものに改めます。これにより、ミスやトラブルの発生を未然に防ぐことができます。また「作業方法の注意点」のような形で、チーム内で共有します。

手順書の記載が不明確、または手順書通りの作業が困難になった場合は、その解決に取りかかります。記載を明確にすべきケースであれば、所定の手続きを経て内容を改訂します。また、元々手順書に書かれている内容が実態に合わない、または無理があるのなら、その原因を特定して解決します。手順書作成後に、システムの更改で端末の操作方法が変わる、または時間の制約から作業方法の見直しが必要、などのケースでは、それぞれの事情に応じた変更を検討の上、手順書を改訂します。

「やりにくい」と感じている状態をそのままにすると、ミスやトラブルの原因となるリスクが生じます。第２章第２節でオフィスワークを取り巻くリスク構造を学びましたが、日頃「薄々感じていること」にミスやトラブル未然防止のヒントがあるものです。手順書の点検で見えてくる問題点について、本音で意見交換をしながら積極的に掘り起こして改善につなげましょう。

また、点検に基づく確認や検討の中で、業務改善の観点から作業手順や方法の改良に気付くこともあります。これもミス防止や業務効率化の観点から仕事を見直すチャンスです。すぐに直せるものは手順書を改訂し、また、検討を要するものはチームで共有しながら計画的に進めます。

「本音」で問題点を報告できる重要性を示す事例として、2011 年に起きた遊園地コースターからの転落事故があります。乗客の搭乗が終わった時点で係員が安全バーの固定を触診で確認すべきルールが定められていたにもかかわらず、いつの間にか目視だけで済ます方法にすり替わってしまい、装着不完全だった乗客１人が走行中に転落して亡くなったというものです[*1]。ここでは、なぜ「触診」が「目視」に変わったのかに着目したいと思います。

報告によれば、「２人がけの奥のシートに係員の手が届きにくい」ことが直接の原因と指摘されています。これにより、いつの間にか本来の方法が実行されず、不幸な事故を招く結果となっています。このように建前と実態の乖離が報告されず、組織の問題として取り上げられていないところに大きなリスクが存在すると考えるべきです。

第3節

手順書作成後のメンテナンス

1 使えないマニュアルはなぜ生まれるのか？

マニュアルや手順書の作成はエネルギーと時間を要する大仕事ですが、本来の目的はその活用です。「マニュアル」や「手順書」がキャビネットの奥で放置されたままにならないよう、活用できる状態で管理します。

作成したマニュアルや手順書が活用されていない原因として最も多いのが「使いにくい」というものです。具体的には、文章などがわかりにくい、省略が多くて習得しづらい、手順書のファイルを広げながらでは仕事が進めにくい、などが挙げられます。このような状態ではせっかく手順書を作成しても、そのファイルの存在すら忘れられてしまいます。

そして、その弊害として担当者の判断に基づく「やりやすい」方法が蔓延すると、「標準化」という目的で仕事の方法を整理した効果も消えてしまいます。また、「内容が古いままで、現在の仕事には使えない」という事態も起こりがちです。システムのバージョンアップ、制度や提供サービス内容の更改など、業務の中ではさまざまな条件変更が起きますが、この流れから置き去りにされたマニュアル類は使いものにならなくなってしまいます。

このような事態を避けるために、内容の完成度の問題に関しては、手順書や自主点検の取組みを通じて対象を洗い出して計画的に改訂します。また、常に手順書と見比べながら作業を進めることは現実的ではありません。ある程度習得した後も、手順の詳細を確認しながら作業する必要がある場合は、チェックリストなどのサブツールを作成して活用します。

この場合は、その内容の根拠となる出典元の手順書のページを記載するなどして、チェックリストだけが独り歩きしないように管理します。

チェックリストのフォームは**図表4-2**を参考にしてください。ここでもダブルチェックで作業するとより安全です。また、「便利だから」とチェックリストを作り過ぎると、「チェックリストのチェックリストが必要」という笑い話になりかねません。業務の実状に合わせて必要な範囲にとどめることも必要です。

図表4-2　チェックリストの例

	項　目	検 印	係 印
1	加入者氏名、生年月日、性別確認		
2	加入期間、給付乗率確認		
3	年金額確認		
4	初回・各期支払額確認		
5	振込先確認		
6	書類送付先と住所の確認		
7	……………………………………………………		
	作業完了確認		

チェックすべき項目を明確に！
複数の眼でチェック！
「まとめ押し」はアウト！
チェックリストは自分の身を守るもの！

また、チェックリストにも落とし穴があります。慣れてくると、一連の作業が完了してから一気にチェック印を記入することがありますが、これでは、万一作業漏れがあっても「勢い」でチェックが入ってしまい、本来の機能を発揮できなくなります。作業ごとに一つずつチェックを入れるという、愚直な使い方が安全です。

業務標準化の拠り所としての手順書を形骸化させないためにもう一つ大切なことは、「マニュアルや手順書は自分たちで作る」ということです。忙しいという理由でコンサルタント会社など外部に作成してもらうと、現場目線とのギャップから、先ほど例に挙げた「わかりにくい」「使いにくい」などの問題が生じる可能性があります。

「使えない手順書」が発生すると、作成の労力がムダになる、新任者の習得が困難になるなどの不都合に加え、「手順書によらない独自の（勝手な）処理方法」が横行し、ミスやトラブルの温床となるリスクがあります。ぜひ、自分たちで作り、チェックリストなどのツールを含めて実務の中で活用し、定期的な自主点検等を通じてブラッシュアップに努めましょう。

2 変更管理とその重要性

「使えないマニュアル」を防ぐためには、業務上生じるさまざまな変更に合わせてタイムリーに内容を更新することが必要です。これを「変更管理」と言います。変更管理は本来手順書の管理に限らず、業務全般に必要なポイントです。例えば、関連した法令の改正があれば、業務要件が変わりますので、それに合わせて仕事の進め方を変える必要があります。最近では、マイナンバー制度やマネーロンダリングに関連するものなどが代表的な例です。帳票類の新設・更改とともに、関連するマニュアルや手順書の該当箇所の手当てを行います。これらすべてを漏れなく、整合性を保って行う管理体制が必要です。

一般的に変更管理がうまくできない原因は、大きく２つ考えられます。一つは「思いつかない」または「考慮漏れ」です。法令改正に伴って変更が必要となる項目は複数に及びます。帳票とシステムは改定したが、関連する報告書の注記内容の変更が漏れていた、ということは珍しくありません。これを防ぐのは容易ではありませんが、関係メンバーが集まって、ブレーンストーミング形式でお互いに確認し合うのも一つの方法です。

変更管理がうまくできない原因のもう一つが「連絡漏れ」です。変更の影響が及ぶ事項は認識できていたにもかかわらず、該当のメンバーやチームに連絡しなかったなどのケースです。これを防ぐためにも、自分のチームの仕事が全体の中でどのような位置付けにあり、最終アウトプット（またはサービス）を提供するためには、他のどのセクションとどのような連携が必要かについて、全体業務フローやサービスサプライチェーンのチャートを使いながら、確認しておくことをお勧めします。その上で、第３章で学んだ「９つのマトリックス」の「情報共有（「環境・運営」の一つ）」の仕組みがあり、機能しているかを日頃から点検する取組みがあれば、防止することが可能となります。

3 変更管理を確実に行う運営

手順書の変更管理を漏れなく実行するために、管理責任者、担当者をあらかじめ決めておくことをお勧めします。手順書管理全体の責任者を管理職またはリーダークラスの中から任命して責任の所在を明確にした上で、それぞれの業務ごとに担当者を決めます。

この体制を作った上で、定例ミーティングで報告される案件に関連して手順書改訂が必要であるかについて相互に確認することを習慣にします。例えば「法令改正が来月施行され、○○の確認方法が変更になる」などの報告がされた場合、業務上必要な対応項目の確認に付随して、どの手順書のどの項目に影響が及ぶかについて関係者で確認します。そして、必要に応じてあらかじめ決めた担当体制で具体的な改訂作業を進め、所定のルールにしたがってその内容の妥当性をチェックし、改訂結果をメンバーで共有します。業務の詳細に最も詳しい担当者が改訂の主役になります。そして、日常業務の中でこの改訂を確実に実施するためには、責任者の管理とサポートが欠かせません。

前項でも触れた通り、変更管理の漏れを防ぐためにはいろいろと工夫が必要です。特に「(改定の必要箇所を) 気付けないケース」を防ぐためには、複数の目でしっかりと確認することが必須です。万が一改訂漏れが生じた場合でも、早めに発見できればミスやトラブルにつながるリスクを軽減できます。そのチャンスとなる取組みの一つが、本章第２節で紹介した自主点検です。また、業務の合間を活用した手順書の「読み合わせ」のようなミニ勉強会は、業務知識の習得や人材育成の観点から効果が期待できるとともに、必要な改訂が漏れなく行われているかを確認する機会にもなります。

第４節

オフィスワークの品質管理

1　事務ミス件数だけで品質は評価できない

オフィスワークの中で起きる問題を解決し、標準化や多能工化を裏付けとした業務改善に取り組む目的は、最終的に「良い品を安く」という課題を達成することにあります。そのためには、オフィスワークに関しても「品質」の維持と向上が求められます。しかし、品質の定義や評価方法については、製造業などと比べると難しい面があります。

工業製品では、購入したパソコンがすぐに壊れると「品質が悪い」と言われ、一方、ヘッドホンの音が良ければ「品質が良い」と言われます。これらは「使用品質」と呼ばれ、最終的に使った場面における品質評価です。ここで問題が顕在化すると、返品やクレームという事態になります。筆者も、通信販売で購入したスマートウォッチが３ヵ月で故障、開梱したばかりの携帯型キーボードがまるで機能しない、などの経験があります。いずれも中国製で、すぐに代替品を送ってくるなど手際はいいのですが、品質管理に関しては大いに疑問を感じました。

このようなことを起こさないためには、顧客や消費者の要求にどれだけ応えられる設計内容になっているか（設計品質）、また、設計した通りに製造されているか（製造品質）などの基準を満たしながら使用品質の向上に努める必要があります。特に製造品質については、工程や検品の際にさまざまな測定装置を使って定量的にチェックされています。

オフィスワークも同様の管理が求められます。「使用品質」に相当するのが、提供したサービスや成果物に関する顧客評価です。金融商品購入の場合の商品説明、運用のパフォーマンス、運用結果の報告、問い合わせへの対応などについてのお客さまの満足度がサービス評価となります。そして、提供した結果に事務ミスなどによる不具合があるとクレームに発展します。そのような結果とならないよう、しっかり検品を行って品質を管理したいところですが、製造業と同じように実行することは困難です。個々の事務処理の場面で出来栄えを測定して定量的に評価したり、大量の取引報告書の記載内容を発送直前に「検品」することなどはほぼ不可能です。

その結果、オフィスワークの品質評価については、顧客満足度アンケートのほかには、「ミス、トラブル件数」が使われることが多くなります。ミスやトラブルが大幅に減り、最終的にゼロになれば大変結構なことです。しかし「ミスゼロ」を品質目標にしたにもかかわらず1件発生してしまうと、その後の品質は「マイナス」のままとなり、効果的な評価や管理ができなくなってしまいます。したがって、ミスやトラブルの件数は最終的な「結果」として管理するとともに、そこに至るプロセスがどういう状態となっているかのモニタリングを工夫する必要があります。その努力を継続することにより、自らの仕事の質の向上を実感し、結果として「良いサービスをより安く」提供するための自律的な体制を作ることにつながっていきます。その具体的な方法については次項で説明します。

2 改善努力を測る物差しを作る

オフィスワークの品質向上を実現する取組み状況を評価する際にお勧めしたいのが、実績を数字に置き換える工夫をしながら管理する方法です。そして、半期、年度ごとに得られた事務ミス、クレーム、顧客満足度調査などの結果と突き合わせて、それらの努力の成果や効果を分析し、次の目標につなげていくのです。

これは、「重要業績評価指標（ＫＰＩ）」と呼ばれる経営目標達成のための指標を使用した手法です。売上目標を達成するため、顧客訪問件数等を指標にして活動をコントロールするように、オフィスワークにおいては、以下の評価ポイントを品質向上に活用する方法が考えられます（図表4-3）。

①勉強会、研修の実施回数、参加人数（以下はテーマの例）

1. ヒューマンエラーが起きる仕組み、業務の中で起きやすい条件および事例と効果的な防止方法
2. オフィスワークの特徴およびリスク構造と、それを踏まえた改善のポイントなど
3. 業務知識、商品知識、使っているシステム仕様や対応方法など
4. 過去に起きた事故事例のレビュー
5. マニュアル、手順書の読み合わせ、異例処理等の対応方法

②マニュアル、手順書の整備件数

③多能工化の取組み進捗状況（人数×業務数など）

④検印者（チェック者）が発見した1次作業者（担当者）のミス件数

図表4-3　ＫＰＩを活用して品質をコントロールする

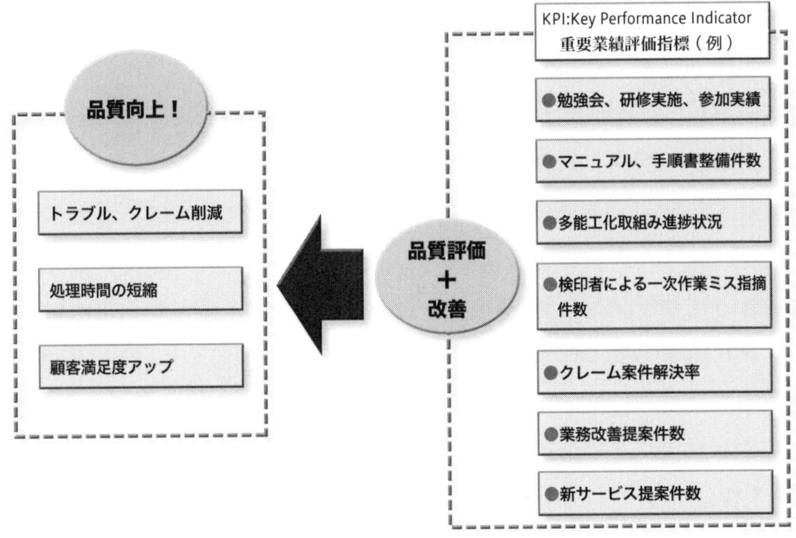

以上は、「事務ミス削減」などの結果に至るプロセス、取組み状況を評価するものです。①～③は数字が増えればそれだけプラス評価です。④については、数字が増えることを「検印者の検証能力の向上」として評価する方法と、数字が減ることを「１次作業の品質向上」とする方法が考えられますので、実態に合わせて選択します。

これらの例を参考に創意工夫でＫＰＩを検討してください。「自分たちの仕事の評価は自分たちで考える」という積極的な姿勢が重要です。そして半期、年度末などの節目で、最終的な成果（ミス、トラブル、クレーム、顧客満足度評価など）との関連性を分析し、「効果が大きい取組みは何か」を検討しながら次のプラン、行動へと進みます。

これは、計画（Plan）、実行（Do）、評価（Check）、改善（Act）の「PDCAサイクル」を回しながら実践するのがポイントです。自己満足に陥らぬよう、必ず業務上の成果との関連を分析しながら、らせん階段を上るようにレベルアップしていきましょう。

3 品質をさらにアップするための物差し

自分らの仕事の品質は自分らで考えるという姿勢の上で、さらに前向きな課題にも視野を広げると、以下のような取組みも対象に加わります。

①工程全体を見渡した業務改善件数

②多能工化や業務改善に伴う処理時間（お客さま待ち時間）短縮事例件数

③お客さまや社内ユーザーからのクレームや指摘に基づく改善件数

これらの実績について積極的に情報を収集、集約し、メンバーで共有しながら成果を確認する努力が必要です。特に③は、顧客満足度調査のようにまとまった結果のみならず、窓口や電話等を通じて得られた評価コメントなども貴重な情報となります。前向きな品質評価に取り組む場合も「品質（Quality)、コスト（Cost)、納期（Delivery)」（ＱＣＤ）の基準を活用することができます。上記③は「品質」、より少ない時間や人数でできるようになれば「コスト」、そして上記②が「納期」に該当します。

前項では、「事務ミス削減」などの成果を得るためのプロセス評価としてのＫＰＩ設定の例を紹介しました。ここで紹介している「前向きな物差し」を含め、企業の活動は最終的に損益計算書に反映されます。お客さまの評価が上がれば売上（契約単価×件数）アップにつながり、ミスやトラブルに伴うロス（再処理、謝罪等のコスト）の減少、業務改善によるコストの削減は経費の削減として実を結びます。

これらの分析や管理は経営レベルの仕事ですが、現場活動との関連性を明確に示し、経営と現場がそれぞれの立場で目標実現に向けて努力することにより、企業業績と従業員のモチベーションのアップが可能となります。より付加価値の高い仕事を目指す取組みについては、第６章第４節で説明します。

第5節

オフィスワークの生産性向上

1 生産性向上なくして残業削減なし

働き方改革が大きく取り上げられた要因の一つが、違法残業問題を背景とする「長時間労働の削減」の社会的ニーズでした。高度経済成長からバブル経済に至るまでの日本経済の繁栄を支えたのは、日本人の勤勉さと言われています。そしてその一つの象徴が「毎日夜遅くまで働く」という姿でした。バブル崩壊後も残業スタイルは変わらず、大手広告代理店の新入社員が連日の深夜残業に耐え切れずに自ら命を絶った事件を契機に、長時間労働の是正が社会問題として大きくクローズアップされました。昔から法的な規制はありましたが、労使協定等により大幅に「緩和」する、「サービス残業」で帳尻を合わせるなどにより、本来の効果が十分に発揮されていなかったのがわが国の実状です。

日本の社会に根深く染み込んだ労働慣習を改めて、残業削減や定時退社を実現することは容易ではありません。心の中では「早く帰りたい」と思いながら連日の残業に耐えている人も多いはずですが、私たち日本人の体内に埋め込まれた「遅くまで働く姿＝美徳」という遺伝子や、上司や先輩に対する「忖度(そんたく)」が無意識のうちに作用しています。

そして、お客さまからの照会や営業からの調査依頼などが夕方に集中することがありますが、これらの業務上必要な対応を放り出して帰ることはできません。号令だけで乗り切ろうとすると、序章で紹介した「A社ものがたり」のように、本来やるべきことが置き去りとなり、ミスやクレームの増加につながる悪循環を招きます。この状態のまま残業削減の号令だけが続くと、行きつく先は品質（サービス）の低下、残業代相当分の年収ダウン、さらに企業としての活力喪失です。したがって、残業削減、長時間労働の是正を実現し定着させるためには、確固とした裏付けが必要です。

その裏付けが「生産性の向上」です。同じ量、品質をより短い時間で達成するためには、それが可能となる仕事の進め方に改善する必要があります。根性と気合だけでは長続きせず、具体的な改善が必要です。そのためには、より積極的な視点で生産性をとらえ、仕事のやりがいと企業業績の向上に結実させることが望まれます。

2　オフィスワークの生産性を考える

オフィスワークの生産性向上に取り組むために、「生産性」とは何か、どのように評価するのか、ということについて考えてみたいと思います。

生産性は、元々はモノづくりで活用されてきた評価手法です。分母に「投入資源」（インプット）、分子に「生産数量・価値」（アウトプット）を設定することにより、生産の効率性を評価します。最も代表的な例は分母を生産に従事した人数として算出する「労働生産性」です。この評価方法を使い、国内総生産を労働人口で割ることにより、国別の労働生産性を比較することが可能です。企業単位では売上総額を従業員数で割るなどの方法で生産性を算出、比較することができます。

わが国では「ホワイトカラーの生産性が低い」という問題が長年にわたり指摘されています。モノづくりの仕事では全自動生産システムの導入事例に象徴されるように、自動化、無人化が急速に進んでいます。一方、「オフィス」では「書類とハンコ」が欠かせない職場がいまだに多く、人手に頼る仕事のウエイトが高い状態が続いています。この２つの光景を比較すれば、先ほどの指摘は当然と言わざるを得ないでしょう。

しかし、ここで改めて指摘しておきたい点は、「ホワイトカラーの生産性」の定義や数値が具体的に示されている場面は、ほとんど見当たらないということです。新聞記事の見出しを含め、これだけ頻繁に「生産性」が話題となりながら、客観的な基準が見当たらないというのも大変不思議なことです。

「ホワイトカラーの生産性」に関する最近の歴史を振り返ると、1980年代に、ＩＴ技術の進歩やオフィス機器の普及に伴い関心が高まりました。これに続く1990年代以降は、経済成長の鈍化やバブル崩壊後の産業構造転換においてコストカットが優先され、「人員削減」「外注化」「派遣社員等への置き換え」が主なテーマとなります。そして、最近のトレンドとして、「働き方改革」において長時間労働削減に関連して改めて生産性が取り上げられています。しかし、この期間内に発表された論文等の情報を検索しても、残念ながらオフィスワークの生産性に関する具体的な定義やマネジメントの方法などについてはほとんど明らかにされていないのです。

生産性向上は、企業にとっては損益計算書に直結する重要な課題です。経費の削減、売上の増加という形で、最終的に損益の改善に結びついてこそ意味があります。一方で、私たちは「生産性が上がった（または、下がった)」という言葉を使っています。最近の話題では「在宅勤務は集中して仕事ができるから生産性が上がった」とか、逆に「会社に行かないとハンコがもらえないから生産性が落ちる」といったことです。これらも一つの実感であり重要な情報です。したがって、この両者（損益と実感）の距離を埋めるための工夫が求められます。

生産性の分母（インプット）は既存の数字を活用しながら管理することができます。オフィスワークの投入資源のほとんどは「人」ですから、ある仕事や作業に従事しているマンアワー（人数×時間）の増減で評価できます。一方「分子（アウトプット)」の評価にはかなり工夫が必要です。モノづくりと大きく異なる点は、件数だけで評価できる仕事は、端末入力などの単純作業に限定されます。契約に関しては「金額×件数」で評価できますが、企画案件については同じ「１件」でも重みが異なります。また、報告書１件に長時間を要する結果になった場合でも、その作成途上で関連する問題の解決ができれば、その業務価値は高いと考えるべきです（**図表4-4**）。

したがって、その業務にとって価値があるのはどのようなアクション、取組みであるのかを可能な限り整理した上で、それらを数字で表す方法が求められます。その際、前節で説明したオフィスワークの品質評価の考え方が参考になります。品質向上につながる取組みがどれだけできたか、という観点で数字に置き換えられれば、生産性の分子（アウトプット）として活用することができます。これからの課題と考えますが、ぜひ皆さんもチャレンジしてみてください。

図表4-4　オフィスワークにおける生産性

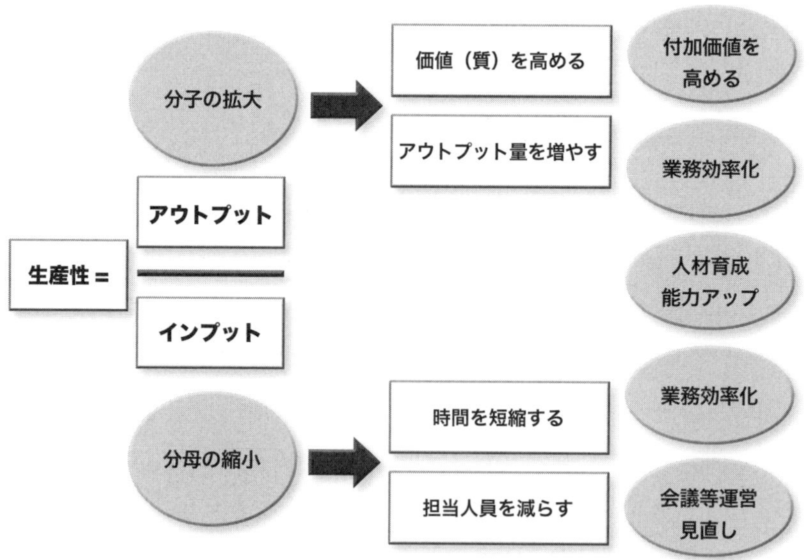

3 オフィスワーク生産性向上の進め方

オフィスワークの生産性向上を実現する第一歩は、分母（インプット）を減らしても、質・量ともに同レベルの分子（アウトプット）が出せる改善です。そのために最優先で取り組む課題は「ミス、トラブル、手戻りなどの、後ろ向きの仕事をなくす」ことです。これらが発生すると、原因究明、作業のやり直し、お客さまへの謝罪、関係部署への報告など、本来は不要な作業がいろいろと発生します。その結果、生産性の分母（人件費のほか作業に伴う物件費）が膨らむため、ミス・トラブル防止は生産性低下を防ぐために重要な課題です（**図表4-5**）。

ここで、「生産性向上といいながら、いきなり低下防止なの？」と違和感を覚える方もいるかもしれません。しかし、皆さんもこれまで、本来はやらなくてもよい「後ろ向きの仕事」に時間を費やすという不本意な体験をしたことがあると思います。「大事件」に至らなくても、「すみません」といって作業をやり直す程度なら、だれしも経験があるのではないでしょうか。そして、これらに伴うロス（本来は不要なコスト）を正確に認識しないままに終わっていることが多いものです。さらに、不幸にして大きなトラブルとなれば、何日にもわたって複数の人がその事後処理を行わざるを得ない結果となります。

お客さまの信頼を損なえば、その後の取引に影響が出て売上の低下につながり、これは分子（アウトプット）の減少として生産性低下を招きます。さらに、後ろ向きの仕事が続くと仕事に従事する人々のモチベーションが低下するため、生産性低下を助長しかねません。したがって、これらの後ろ向きの仕事が発生しない取組みは、生産性の維持・向上にとって最優先と考えるべきです。ミス、トラブルを防止するためには、ヒューマンエラー等の人間の習性を知り（第１章参照）、オフィスワークの特質とリスク構造を理解し（第２章参照）、問題を解決しながら改

図表4-5　ミス、トラブルが生産性に与える影響

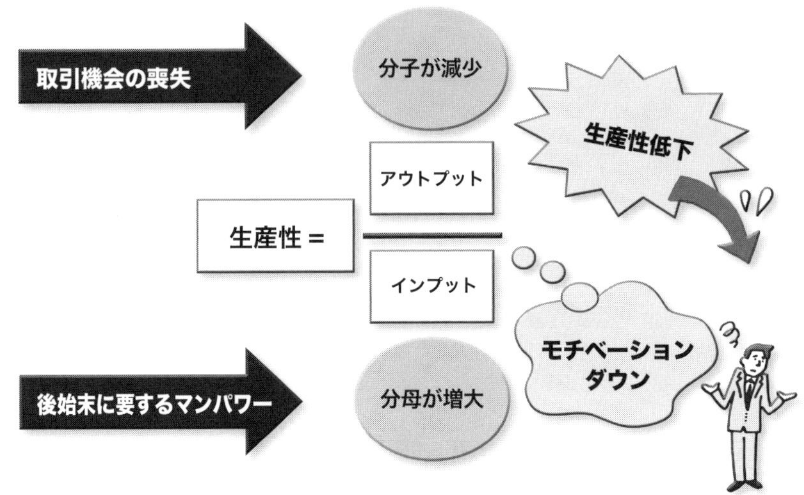

善に取り組む（第３章参照）ことが求められます。

生産性向上の２つ目の課題は資源の効率的な運用です。具体的には、業務量が増えても現有戦力（人員）で対応できる、そして業務量が一定であればより少ない人員で対応できる体制を作ることです。これは残業削減効果にもつながるもので、仕事の進め方を標準化し（第３章第５節～参照)、その効果を多能工化で刈り取る（本章第１節参照）ことにより可能となります。

さらに分子（アウトプット）を増やす努力が生産性向上の３つ目の課題です。先ほどの標準化と多能工化は単位時間当たりのアウトプット「量」を増やす効果がありますが、さらに「質」をアップすることにより、売上増加につなげることが可能です。例えば営業活動において、新規顧客獲得と既存客へのサービス向上のどちらを重視するか、という選択があります。経営学においては「旧客に新製品を売る方が新客獲得よりもコスト安」であり、「新しいお客を紹介してくれる旧客は給与台帳に記載されていない営業マン」とも言われています。また、新規顧客獲

得件数よりも、既存客から得られる長期的な利益を評価する方が重要だとも指摘されています(*2)。このような観点から、業務改善案件も含め、より効果的に損益向上に結びつく活動を抽出し、それを定量的に評価しながら管理できれば、オフィスワークにおける生産性向上をより確実に実現することが可能になると考えられます。

*1: 井上泉「企業不祥事の研究　経営者の視点から不祥事を見る」文眞堂
*2: James L. Heskett ほか 'The Service Profit Chain'

第4章のポイント

- 多能工化は標準化とセットにして「業務習得状況管理表」に基づき計画的に進める。
- 「品質は自分たちで作る」という姿勢で、標準化した業務を定期的かつ厳密に点検することが必要。
- 点検で問題点を発見した場合には、メンバーで意見交換しながら課題を明確にして改善につなげる。
- 手順書は業務の条件変更に応じて漏れなくタイムリーに内容を改訂することが必要。
- 手順書の変更管理は責任者と担当者を決めて都度検討・改訂し、結果はメンバーで共有する。
- オフィスワークの品質評価は手順書の整備件数など、改善努力を測る方法を工夫して行う。
- オフィスワークの生産性向上は、より少ない作業コストでより良い質と量のアウトプットが達成できるように取り組む。

Office Work Management

組織を活性化し人を育てる

第1節

失敗から学びリスクセンスを磨く

1　失敗は新しいスタートライン

問題の原因を探り、解決策の検討を効果的に進めるためのツールである、「９つのマトリックス」の活用法を紹介しました（第３章第４節）。その中でも「環境・運営」の一項である「失敗に学ぶ組織風土」は、他の取組みの土台ともいえる重要なテーマです。

人間には「見落とし」や「失念」などのエラーが避けられない習性があり、オフィスワークという仕事には「手順が不明確になりがち」など、さまざまなリスクが潜在します。したがって、事務ミス、トラブル、クレームなどの問題をゼロにすることは、容易ではありません。問題が起きた場合には、それにどう対処し、今後に向けてどう取り組むかが重要です。当事者の責任追及や緊張感の醸成で乗り切るのではなく、迅速で的確な事後処理、徹底した原因分析、そして効果的な対策検討と実施で再発を防ぎます。その体験を糧にして、さらに未然防止につなげることが次の課題です。これらを可能にするための土台が、「失敗に学ぶ組織風土」なのです。

「風土」というと、漠然としていて扱いにくいと感じる方もいるでしょう。確かに直接目に見えるものではなく、また人によって感じ方も異なるので取組みには工夫が必要です。そこで、具体的なポイントをいくつか紹介します。

①まず、オフィスワークに関する基本的な知識や考え方を組織、チームで共有します。本書の第１章（人間の習性）や第２章（オフィス

ワークの特質とリスク）について、勉強会や研修を通じてメンバーの「共通言語」となることを目指します。

②その上で、ミス、トラブル、クレームが起きた場合の報告や対処に関するルールや手順を具体的に決めておきます。

③発生原因とお客さま（または社内ユーザー）への影響範囲を至急特定し、修復（差し替え、説明等）を迅速に行います。ここでの原因調査は、あくまで影響範囲の特定（対応漏れを防ぐこと）が目的です。

④必要な修復作業が完了したら、第３章第１節で説明した原因分析→対策検討の手順により、再発防止策を検討します。ここでは「５回のなぜ」を活用して、納得いくまで原因を分析することが重要です。

⑤起きた事象、原因分析と対策検討の結果等の情報を、組織で共有します。この場合、部をまたぐ関連する組織、チームへも積極的に情報発信します。情報を得た組織では「他人事」とせず、「何か参考にできることはないか？」という積極的な姿勢で臨みます。

⑥これらの取組みが「失敗から学ぶ」という具体的な姿です。したがって、この手順を組織やチームの習慣とし、その実績を積み重ねることを通じて健全な「風土」が作られます。

⑦この一連の取組みが、仕事の改善、より良いサービス提供につながるという実感を共有することが成功の秘訣です。

2 失敗から学ぶ事例の活用

「失敗から学ぶ」には、いくつか難しい点があります。まず、私たちには「失敗は恥」という意識があるため、その事実を他人に伝えることに抵抗を感じます。また、失敗には「お詫び」が伴うため、「すみません」という言葉を繰り返しているうちに気持ちが沈み、後ろ向きになってきます。したがって、さらに、失敗の記憶は時間の経過とともに薄れ、やがて消えていきます。これらの問題を解決しながらその後の改善に活用するには、製造業などで活用されている事例を参考にすることができます。

製造業では、事故を起こした自社製品を社内に展示することによって、失敗体験の風化を防ぐ努力をしている事例があります。また、多数の犠牲者を出した航空機事故では、事故機の残骸や遺品を集めて展示し、その重みを後世に残す努力もされています。犠牲者の家族等、関係者への配慮も必要なことから複雑な問題を伴いますが、墜落の衝撃や犠牲の大きさを生々しく伝え続けるために特別の展示施設を造り、社内教育に活用しています(*1)。

また、電力会社の社員研修施設では、社員が作業中に電柱から転落して死亡した事故等の事例を展示しています。実際の現場を模した実物大の展示を設け、安全帯の使い方を誤って転落した状況を効果音とともに再現し、新入社員研修等で活用しています(*2)。

人間の記憶は３ヵ月、３年と経過するうちに薄れ、30年を過ぎると世代交代で知る人がいなくなってしまうと言われます(*3)。「失敗から学ぶ」という姿勢は、30年以上を経てもその経験をムダにしないという組織の意思が必要ということです。また、新入社員のようにまだ何も体験していない人に対しては、特に「現場」「現物」に近い環境を通じて伝えていく必要があります。最近はＶＲ（仮想現実）技術を活用した教育研修施設も増えています。作業中の転落や感電などを疑似体験することにより、よりリアルに「失敗」から学ぶことが可能になりました。

しかし、残念ながらオフィスワークにおける失敗事例を「現物」や「仮想体験」で学ぶことは極めて困難です。第２章第２節では、入力ミスが原因で最終的に400億円超の損害賠償請求に至った事件を紹介しましたが、仮にそのときに使われた伝票や入力端末を展示しても、事件の重みを実感として伝えることはできません。経営に失敗した当時社長が使っていた椅子を社内で展示し、失敗体験の風化を防いでいる企業もあるようですが(*4)、人身に影響が及ばないケースでは「現品」の影響力には限界があります。

オフィスワークの失敗から学び、個々の事実を風化させないためには記録に残して共有することが必要です。起きた事象、経緯、影響、原因、対策などを所定のフォームで記録し、後で第三者が見ても理解できるような仕組みと運営体制を作ります。事の重大性を後世に伝えるためには、その事故に伴う修復、謝罪、報告、事後対策等に費やしたマンアワー（人数×時間）の記録も必要です。そして、「詫び状を何回も書き直した」というような苦労話も記録できると、なおリアリティが増すと思われます（**図表5-1**）。

図表5-1　失敗情報の活用

平常時：「過去問」で勉強！

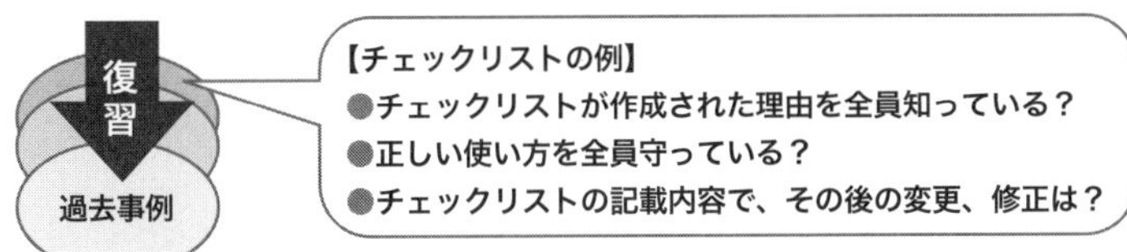

復習
過去事例
【チェックリストの例】
●チェックリストが作成された理由を全員知っている？
●正しい使い方を全員守っている？
●チェックリストの記載内容で、その後の変更、修正は？

事故発生：全員で共有して足元を点検！

さらに、他業種の事例から学び、活用する

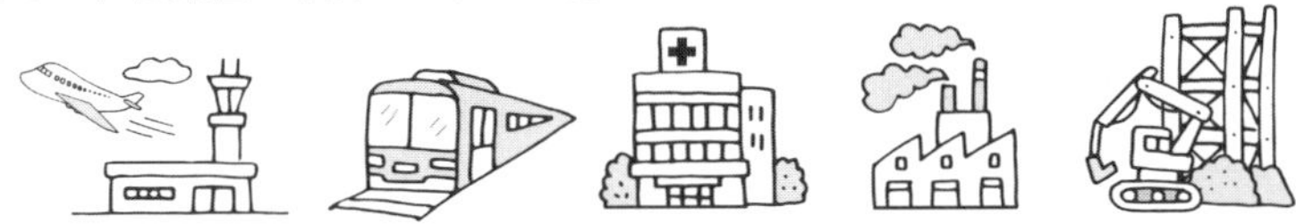

3　リスクセンスを磨き未然防止にチャレンジ

失敗から学ぶことは大切ですが、自分が直接体験する事例は限られています。第２章第２節で学んだように、オフィスワークの現場にはさまざまなリスク要因が潜在し、ヒューマンエラーという「引き金」により顕在化します。したがって、実際にはまだ起きていないが、起きる可能性のあることを想定し対処できれば、未然に防止することが可能になります。再発防止の取組みを裏付けに未然防止にチャレンジすることで、オフィスワークの品質を高めることができます。

まだ起きていないことを想定するためには、「センス」を磨く必要があります。それではセンスとはどんなもので、また、どうすれば身に付くのでしょうか。ビジネスコンサルタントの野口吉昭さんは、著書の中で「センスとは、考える力、考える習慣によって磨かれる、瞬間的に物事を判断できる能力のこと」と定義しています[*5]。学習とトレーニングを通じて考えることを習慣化し、予期せぬ場面に遭遇したときでも取るべき行動を瞬間的に判断できるようになること、と考えられます。そして、これを組織において実行するには、周囲のメンバーとともに努力しながら進める必要があります。このような取組みを通じて、組織全体としてのセンスがアップしていくと考えられます。

事故の未然防止を目的としたセンス向上の方法としては、「ヒヤリハット」情報の活用をお勧めします。この用語はオフィスワークでは馴染みがないかもしれませんが、工場や工事現場などでは広く活用されており、最近では病院での導入例も増えています。日頃の業務の中で、事故には至らないが「ヒヤリ」と感じたり「ハッ」としたりすることはだれしも経験があると思いますが、トラブルに至らなければ、その体験を口には出さず、胸をなでおろしてその場を収めていると思います。しかし、このような体験情報を積極的に活用できれば、リスクセンスの向上とミス・トラブルの未然防止に役立つはずです。

業務の中に潜在する、普段はほとんど気づかないようなリスクを垣間見る体験は、チームにとって貴重な情報です。「文字が小さく見づらい」「名称が似ていて紛らわしい」「作業時間が限定されていて気持ちが焦る」などの状況は、あと一歩でミスにつながりかねない場面だったはずです。したがって、これらの情報をいったん俎上に載せ、リスクの大きさ、発生の頻度、緊急性などを総合的に判断しながら改善に取り組むことが、未然防止に大きく貢献します。定例ミーティングの場で「ヒヤリハット」を報告する時間を設ける、または体験したときの報告フォームを決めるなど、利用しやすい環境を作って活用するのが効果的です。

ここでひとつ注意したいのは、「ヒヤリハットをやってしまいました、すみません」という否定的なムードになりがちな点です。そうではなく、「貴重な情報をありがとう！」という前向きな運営にしてこそ、この取組みの価値が高まります。先ほど説明した「失敗は恥」の意識が作用すると「報告しないでおこう」という、本来の趣旨に反する結果となってしまいます。これを防ぐためには、情報提供者に感謝の気持ちを込めて「ありがとうカード」を渡すなど、ゲーム感覚も取り入れながら前向きムードを作る工夫が必要です。

また、工事現場などでは朝礼で「危険予知」（略して「ＫＹ」）と呼ばれる活動が行われています。工程の進行や天候等で日々変化する作業条件に対して、その日、その瞬間にケガや事故を防ぐためには、どこに注意して行動すべきかを学習するのです。「最近取引量が増えてきたので注意力の持続が困難」と感じたら、同僚や上司と相談しながら、作業の途中で休憩タイムを設定する、人員をやりくりして応援体制を組むなど早めに手を打ち、ミスやトラブルを防止します。

事故、失敗、リスクに関する情報を前向きに扱うためには「ＴＲＩＺ（トリーズ）」という手法が参考になります。これは、ロシアの研究者によって開発された発明原理に関する手法ですが、事故や不具合防止にも活用されています(*6)。工場での爆発事故や機械の故障について、「どうすれば起こすことができるか」というポジティブな発想で考え、そこで出た条件を元に発生を防ぐ方法を考えるというアプローチです。例えば、「火災」も「事故」という位置付けではなく、「燃焼」という客観的な現象に置き換えて発生のメカニズムを解明し、その結果を活用して最終的に防止につなげていきます。オフィスワークでも、これを参考にして、ゲーム感覚で「どうやればミスが起きるか」「どうやれば締め切り遅延が起きるか」などのテーマでブレーンストーミングを行い、防止策を検討するのも一案です。

第2節

改善の土台は健全で前向きな組織

1 組織にも健康診断が必要

有名企業による品質偽装などの不祥事が後を断ちません。これらの事例に共通している問題が組織の体質と考えられます。前節で説明した「失敗から学ぶ」ことを実践するには、組織の健康状態を良い方向へと変えていく努力が必要です。

不祥事が発生した企業の特徴のひとつに「パワハラ横行タイプ」があります。かつては積極的なビジネスモデルで“地銀の優等生”と評されていた銀行が、不動産融資の無理な営業を強行するために審査書類の改ざん等の不正を繰り返し、最終的に多額の引当金により経営破綻した事件がありました。公表された報告書によると、営業担当役員が強い権限を持ち、厳しいノルマを課した上で、社内の反対意見をパワハラと報復人事で潰しながら進めたとのことです。意見が言えない、言っても潰されるという風土が醸成され、組織全体が間違った方向にまい進してしまったと考えられます。

また、別のケースとしては「もたれ合いタイプ」があります。ある政府系金融機関では、営業実績を増やすためにほぼ全ての営業店で審査書類を改ざんして不正融資を実行していたことが明らかになりました。ここでも無理なノルマが課せられていたようですが、社内のもたれ合いムードの中で、長期間かつ広範囲に不正が横行したと報告されています。前者は「パワハラ」、後者は「もたれ合い」という違いはありますが、「意見が言いにくい組織」という点では共通しています。これが組織の健康状態に関する重要なポイントです。また、意見を言ってもそれが取り上げられなければ同じ結果になるリスクがあります。

「社風」という言葉があるように、組織やチームにはそれぞれのカラーがあります。人間が集まり、そこで活動しながら歴史を積み重ねると、組織としての風土が作られていきます。これは個人の力で急に変えることはできませんが、個々人の日々の言動がその風土を作っていることもまた事実です。そして、日本の社会ではどうしても個人が集団に飲み込まれる傾向が強くあります。したがって、健全な組織を作るためには、組織と個人がともに努力する必要があります。本書のテーマである、オフィスワークの品質と生産性をアップし、そこで働く人々が笑顔で仕事に励み、それらを裏付けに企業や組織が新しい課題にチャレンジするためには、この健全な組織づくりのための具体的な努力が必要です。

2 健全な組織は「学び」「仕組み」「行動」で作る

組織に問題が生じると、その解決策として「組織変更」や「機構改革」が行われることがありますが、それで十分とは言えません。組織図やルールは「仕組み」です。目的に合わせて仕組みを作ることは重要ですが、それは「器」に過ぎません。器の中で行われている活動のあり方が変わらなければ健全な組織は生まれません。組織の中で活動する人間の「行動」、そして行動の裏付けとなる「学び」と組み合わせることによって「仕組み」の狙いの実現が可能となります。

組織は多数の人間によって構成されており、考え方や感じ方は人それぞれです。だからこそ、組織の目標を実現するためには、ルールや制度を作って「やってはいけないこと」を示し、「好ましい活動」を推奨する必要があります。これらの「器」がしっかりできていなければ、ハラスメントや違法残業が野放しとなり、また育児や介護のための休暇取得も困難な状態になってしまいます。したがって、これらは組織にとって重要な要素です。

しかし、一方で「ガバナンスの優等生」と評されていた有名企業が、品質偽装や粉飾決算などの不祥事を起こして社会的非難を浴びる事例が目立ちます。これはガバナンスという「器」を作っても、そこで活動する役職員の行動や、それを支える考え方に問題があったために、目的が達成されなかったという残念な事例です。考え方や行動が正しくないと、せっかく作った器も都合いいように使われ、本来の目的が達成できないということです。

このような事象の分析を通じて、「学び」「仕組み」「行動」の３つの角度から組織の状態をチェックし、健全な状態に改善することを提唱する研究があります（**図表5-2**）[*7]。

この研究は、「Learning」「Capacity」「Behavior」の頭文字から「ＬＣＢ式組織の健康診断」（**図表5-3**）を作成し、事故や不祥事の未然防止のために組織の健全性をセルフチェックすることを推奨するものです。また、その組織を構成している人々のリスクセンス向上を目的とする、

図表5-2　健全な組織に必要な3つの要素

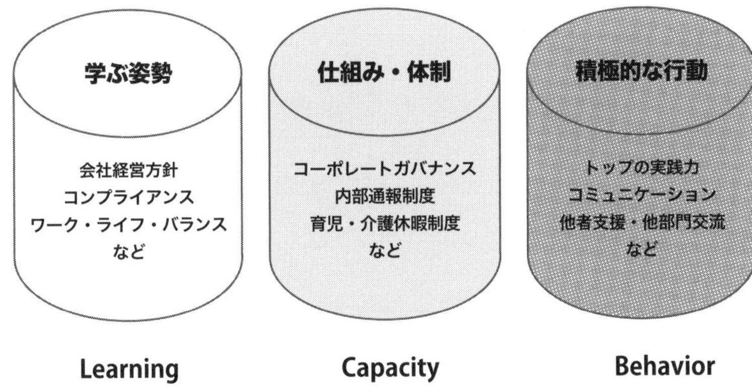

参考：NPO リスクセンス研究会　「LCB 式組織の健康診断」

「リスクセンス検定」と、それに関連するテキストを提供しています[*8]。

元々、化学会社などの製造業での事故防止を目的に開発された手法で、その後、筆者らが中心となり、オフィスワーク領域を対象とした研究にも取り組んでいます[*9]。この組織セルフチェックには、本書でこれまでお伝えした「失敗から学ぶ」ことの重要性、「工程の自主点検」「ヒヤリハットの活用」などの項目も含まれています。健全な組織づくりとそれを通じた事故・トラブル防止に活用することをお勧めします。

セルフチェック項目の「学ぶ」に関連するテーマとしては、守るべき業務上のルールとその理由、人間の習性とヒューマンエラーの仕組み、過去に起きているトラブル事例の原因と対策などが挙げられます。また、「仕組み」に関しては、手順書に沿った仕事の進め方となっているか等の自主点検、第三者組織による不正防止チェック、内部通報制度の活用などが対象となります。そして、「行動」としては「何かおかしい」「困った」などを感じたときに、同僚、先輩、上司に相談し、その先輩、上司はそれを受け止めてさらに上長と打ち合わせて組織して取り上げる具体的な行動に出ているかなどが、チェックポイントとして挙げられます。

図表5-3　ＬＣＢ式組織の健康診断

LCB 式組織の健康診断

Learning 組織の学習態度（組織の自律的に学ぶ姿勢）		
L1	リスク管理	新しい事柄（新規事業、新規取引、新製品開発、新設備の設置等）を始めるにあたって、それぞれに適したリスク評価システムを設け、そのルールに則り推進しているか
L2	学習態度	過去に学ぶ姿勢があるか
L3	教育・研修	教育研修制度が導入され維持され、実効を上げているか
Capacity 組織の管理能力・包容力（体力ある組織かどうか）		
C1	モニタリング組織	組織事故を防ぐための独立した組織があるか
C2	監査	会計監査、監査役監査、ISO、業務監査などのガバナンス向上のための監査を行い、組織の経営目的が達成されているか
C3	内部通報制度	内部通報制度等のホットラインがあり、機能しているか
C4	コンプライアンス	不正は許さないとか安全の確保が最優先であるという組織のトップの決意が明確に示され、実践されているか
Behavior 組織の実践度（前向きに積極的に実践している組織かどうか）		
B1	トップの実践度	組織のトップが掲げた方針・目標が組織のメンバーにブレークダウンされ、実践されているか
B2	危険予知（ＫＹ）・ヒヤリハット（ＨＨ）	事故や不祥事などの再発防止とそれらを未然に防ぐための取り組みがなされているか
B3	変更管理	4M(Man, Machine, Method, Material) に関する管理ルールの制定と改訂にあたっての「変更管理」制度が維持されているか
B4	コミュニケーション	組織内のコミュニケーションは良好で組織のメンバー（協力会社を含む）のモチベーションは高いか

出典：特定非営利活動法人リスクセンス研究会 / 編著「組織と個人のリスクセンスを鍛える　リスクセンス検定®テキスト」大空社

LCB 式組織の健康診断 <オフィスワーク版>

Learning 組織の学習態度（自律的に学ぶ姿勢）		
L1	業務量予測と資源配分	新しい事柄（新規業務、新規取引、新商品開発、システム更改、新ルール制定）を始める際には、業務量の予測に基づく適正な資源配分（人員、システム）が実行されているか
L2	仕事の流れの組み立て	業務の全体像、仕事の流れおよび各作業の手順がわかりやすく整備されるとともに、どこにどのようなリスクが存在するかが明らかにされているか
L3	行動基準の周知	組織倫理、法令遵守、事故防止および顧客満足度向上に関する行動基準が明示され、それを徹底するために教育、研修が有効に機能しているか
Capacity 組織の管理能力・包容力（組織の体力）		
C1	オフィス業務の質の管理	品質を上げるコストおよび事故に伴う負のコスト（ロス）の両面を管理するなど、品質評価の方法を工夫し、導入しているか
C2	内部監査	独立した監査部門による監査が実行され、その結果がコンプライアンスおよび業務上のリスク管理に有効に活用されているか
C3	内部通報の仕組み	ホットラインを活用した内部通報制度があり、活用されているか
C4	手順の点検	自主点検が実施され、仕事がルールや手順書に準拠して行われているかをチェックし、問題があれば是正しているか
Behavior 組織の実践度（前向き、積極的な実践）		
B1	トップの実践力	組織の方針をトップ自らの言葉で語り、実践し、部下から受け入れられているか
B2	エラー・不正等の再発防止	ミス、事故、ルール違反が発生した場合、背後要因の分析を通じた再発防止、未然防止策検討を行い、実行しているか
B3	状況変化への対応	大きな状況変化により業務に影響が出ている場合は、組織として速やかに適切な対応をとっているか
B4	コミュニケーション	業務の中で援助を求めたいとき、自分が失敗（「ヒヤリ・ハット」を含む）したときおよび異常と感じた光景を見たときに同僚や上司に相談しやすい風土となっているか

出典：特定非営利活動法人リスクセンス研究会 / 編著「組織と個人のリスクセンスを鍛える　リスクセンス検定®テキスト - オフィスワーク編 -」化学工業日報社

3 職階層間のギャップから課題を見つける

前項で紹介した「ＬＣＢ式組織の健康診断」を使って組織のセルフチェックを行うと、自分たちの組織の強みと弱みを知ることができます。例えば、「内部監査」のポイントは高いが「コミュニケーション」のポイントが低い、または「行動基準の周知」は実行されているが「内部通報の仕組み」が機能していないなど、診断表の11項目のチェックを通じて組織の状態を知ることできます。毎期定期的に実施するコンプライアンス研修などのテーマ選定の際も、この診断結果を元に弱い部分を改善するよう取り組むと効果的です。さらに、コミュニケーションのポイントが低い場合には、その実態や原因を調査し、課題を明確にして改善に取り組みます。

さらにこの組織診断は、「上級管理職（部長クラス）」「中間管理職（課長クラス）」「一般実務職（担当者）」の３つの職階層を対象に同じ11項目を使って評価しますので、相互の認識ギャップを明確にする効果もあります（**図表5-4**）。例えば「コミュニケーション」に関して、上級管理職は高い評価を示しているにもかかわらず、「中間管理職」や「一般実務職」は低い評点しか出していないケースでは、組織の上の人たちが考えているほど風通しは良くない状態であることに注意すべきです。先ほどの項目ごとの強み、弱みと合わせ、この階層間のギャップの有無とその大きさを元に、組織が抱えている問題点を知ることができます。

組織診断項目は、モノづくりのために作成されたものをベースとしながら、オフィスワーク用にカスタマイズした「オフィスワーク版」がありますので、業務の実態に合わせて使い分けると良いでしょう。そして、この両者に共通した重要な項目に「トップの実践力」があります。これは、「トップの背中を所属員がどのように見ているか？」とも言えるチェックポイントです。

図表5-4　3職階層別組織診断

診断項目	一般実務職	中間管理職	上級管理職
L1: 業務量予測と資源配分	3.7	4.0	3.3
L2: 仕事の流れの組み立て	3.9	3.3	3.7
L3: 行動基準の周知	4.7	4.3	4.7
C1: オフィス業務の質の管理	3.6	4.0	3.3
C2: 内部調査	4.2	3.3	4.0
C3: 内部通報の仕組み	4.8	5.3	5.0
C4: 手順の点検	3.3	4.0	2.7
B1: トップの実践力	3.5	4.0	4.0
B2: エラー・不正等の再発防止	3.8	3.7	4.3
B3: 状況変化への対応	4.3	4.3	4.3
B4: コミュニケーション	4.9	5.0	4.7

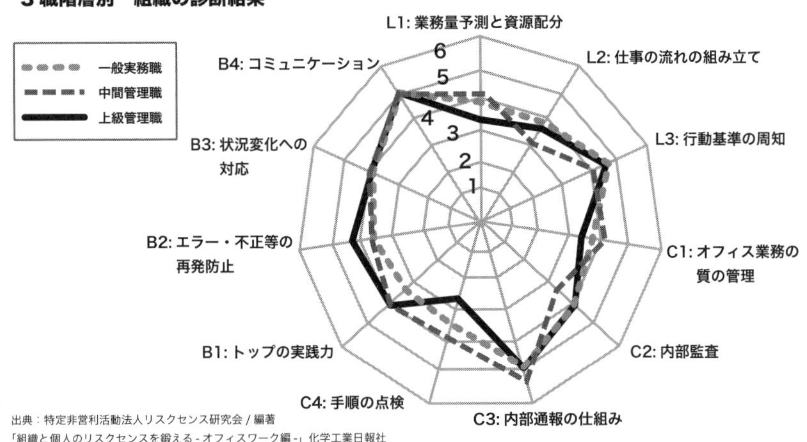

出典：特定非営利活動法人リスクセンス研究会 / 編著
「組織と個人のリスクセンスを鍛える - オフィスワーク編 -」化学工業日報社

例えば、「当社は法令を順守します」と標語が掲げられていても、業務会議の場面では「ライバルに負けないためには、手段を選ばず！」という激が飛ばされていたのでは、「上の人は何を考えているのかわからない…」ということになってしまいます。トップ自らが、法令順守の重要性や実践の具体的な在り方について職場内で自らの肉声で語るなどの一貫した取組みが行われているかが重要なポイントです。

第3節

「A社ものがたり」を組織の観点から分析する

1 問題点の洗い出し

オフィスワークの問題解決や改善に取り組むため、組織の健全性の観点から序章の「A社ものがたり」を分析してみましょう。

まず目につくのが、ミスの当事者が朝礼で涙を流しながら謝罪する場面です。業務量が増しているにもかかわらず「残業削減」と「ミスゼロ」の厳しい号令が発せられ、皆が必死で仕事をしている中で不本意なミスが発生しています。そして、問題が起きたときに朝礼で当事者の責任追及が厳しく行われれば、チーム全体に暗い沈黙が漂ってしまいます。A社の職場風土を象徴するようなシーンです。このような状況では、仕事の進め方や負担などで困っていることがあっても、相談は困難な状況と考えられます。これでは「ヒヤリハット」について情報交換することは不可能です。

さらに注目すべき点は、問題が起きた際の「当事者個人の責任追及」が、支店と事務集中部に共通して見られることです。このことから、A社全体に「犯人捜し」のムードが染みついていると思われます。これには、経営の姿勢も影響している可能性があります。

ベテランのスタッフ社員が、過去の類似のトラブル経験が活かされていないと指摘する場面も、この組織の体質を物語っています。まさに「失敗から学ぶ姿勢」の欠如と言わざるを得ません。そして、このスタッフ社員を含め、毎日の仕事の中で疑問を感じる、問題を抱えるなどの場面があるはずですが、それらを意見として表明できない、あるいは聞いてもらえない組織の不健全さが根底にあると考えられます。

2 望まれるA社の運営方法

A社の望まれる姿としては、何か問題が起きたときに当事者個人の責任を追及するのではなく、組織の問題として取り上げて共有し、皆で協力しながら進める体制を作ることです。原因分析 → 対策検討の手順を踏み、原因については「なぜ？」を繰り返しながら根本にある問題を掘り起こします。ここでは、ミスが起きる原因の究明の方法やオフィスワークの特徴とリスクに関する知識を活用します。たとえ一時的には残業となっても、将来に向けた問題解決として正面から取り組みます。

そして、起きた事実から学んで改善に結び付けるという取組み方針を、トップや管理職が具体的な「形」を伴って示す必要があります。「形」は、課長会や朝礼などのほか、業務のあらゆる場面で一貫したものでなくてはなりません。問題が起きたときの報告の受け方、報告を受けた後の取扱い方、個々の問題に関する組織としての取組み方針の明示など、それぞれの場面で具体的に示す必要があります。

そして、このような取組みの中で人は育ちます。人間はミスや失敗を体験したときは暗い気持ちになりがちですが、前向きな分析と改善を通じて再発を防ぎ、その成果がさらに未然防止や業務効率化につながる体験を通じて、仕事のやりがいや喜びを感じることができます。そのためにも、原因分析の場面では建前で終わるのではなく、「時間が足りない」「帳票の記載がわかりにくい」「オペレーションが複雑」など“ホンネ”が出るまで掘り下げることが重要です。A社の支店では、残業削減方針の影響で業務時間中の確認や連携が十分実行できない状況が発生していますが、これに意見が言えるかどうかも大切なポイントです。

さらに「残業削減」などの全社レベルでの方針が掲げられた際には、

それを実現するための裏付けを具体的に示し、全員で共有しながら運営する必要があります。A社の場合も、例えば「ミスやクレーム再発防止の取組み」「営業担当者からの指示の統一」など、残業の原因となっている問題の解決に具体的に取り組む必要がありました。また、過去に起きたミス・トラブルの事例について、現在の担当メンバーが知り、その原因と再発防止策を含めて正しく理解していれば、同種の問題が起きることを未然に防ぐことができたと考えられます。これが「失敗から学ぶ姿勢」の具体的な姿です。

組織を好ましい姿に変えていくためには、トップの明確な姿勢が欠かせません。その上で、管理職や実務担当者がそれぞれの立場で積極的に発言、行動することにより組織としての目的を実現することが可能となります。

第4節 オフィスワークマネジメント人材育成プログラム

1 オフィスワークマネジメント人材の３つの必須科目

人間の習性やオフィスワークの特質を理解して改善を進め、日々の業務の中でその効果を発揮しながらさらに定着させるためには、それを担う人材を育成する必要があります。オフィスワークについて科学的な学びや体験を通じて成長することを促し、支援しながら育成することが経営や管理者の仕事です。

学ぶべき知識としては、まず「業務に関連する知識」です。銀行、証券、保険、不動産など、それぞれの制度、商品などについての知識が必要です。その上で、「業務の手続きを進める具体的な実務手順やツールとしてのシステムの仕様や正しい使い方」を正確に理解する必要があります。システムには、基幹システムのほか、サブシステムやエクセルマクロのようなソフトウェアも含まれます。さらに、本書で解説している「オフィスワークマネジメントに関する知識、手法、実践ポイント」を学びます。オフィスワークマネジメントのプロになるためは、この「3科目」を身に付ける必要があります。

筆者は信託銀行に入社した頃、「事務の仕事でも、ちょっとした確認などの気配りが重要」と教えられたことに違和感を覚えた記憶があります。「気が付く」というプラスアルファの行動を常に発揮することは困難で、たまたまうまくいったときに褒められても、忘れたときはアウトというのではたまらない、と感じたからです。

また、外国証券事務という新しい分野の中堅管理者として仕事をしていたときは、毎日のようにミスやトラブルが起きて悩まされたことがあります。「何とかしなければ…」という強い思いはあるものの、具体的にどう対処すべきかがわからず、大変苦労しました。連日、夕刻になると部長席の前でホワイトボードを使って状況報告が求められ、「しっかりやってくれ」とお小言をいただくのですが、あるべき姿が見えず、会社に行くのが辛い毎日でした。

これらの体験から、「事務を正確にできる」ためにはどのように取り組めばよいのかなどについて、もっと具体的に知りたいと考え、試行錯誤を繰り返しながら学んできました。その内容をできる限り体系的にまとめたものを本書でお伝えしています。ぜひご活用ください。

2 多能工化も人材育成に効果を発揮する

第３章第７節の「レンガ職人」の寓話では、「レンガを積む」という近視眼的な捉え方と、「人々の心を幸せにする場所を造る」という最終目的を見据えた受け止め方では、仕事のやりがいが全く異なることに触れました。そして、それが、仕事の中で起きる問題にどう対処するかという行動、さらに結果としての仕事の出来栄えの違いとして現れると考えられます。

本書では、オフィスワークを「情報の加工と連携によりサービスまたは成果物を提供する仕事」と定義しています。そして、この「加工」は複数の工程で構成されていることを学びました。したがって、個々の工程の担当に一連の工程が見えているか、さらに最終的にサービスを受けるお客さまやユーザーがしっかりと見えているかが仕事のやりがいと質に大きく影響します。まずは、自分（たち）の工程の前後の工程をきちんと理解し、さらに全体の理解へ進んでいくことが求められます。

自分が担当している仕事の前後の工程で行われている仕事の作業内容を正確に理解することにより、最終的にお客さまに提供する情報や成果物の品質を保つために何をどこまでやるべきかについての適切な判断が可能となります。また、前工程との調整と自工程の改善により次工程への引渡しタイミングを早めるなど、工程間で協力してサービスを改善できると、仕事の面白さ、やりがいも一段と増してくるものです。

人材の育成という観点からは、第４章で説明した多能工化の取組みを通じて、工程全体への視点の拡大を図ることが期待できます。そして、業務上発生するさまざまな問題解決の体験を通じて、外注先等を含めた全体プロセスの理解へとレベルアップを図ります。人事制度としては、定例異動等のタイミングで部署を横断するジョブローテーションの実施も効果的です。じっくりと時間をかけながら全体を見渡す立ち位置を身に付けることができます。

計画的な多能工化と組み合わせることにより、育成をより効果的かつスピーディに進めることが可能です。

3 スキル習得計画表を活用した人材育成

オフィスワークを担う人材の育成は、働く人のやりがいとサービス品質を向上するために重要な課題です。第４章では、業務標準化を裏付けとした多能工化が業務の効率化などに効果を発揮することを説明しました。ここでは、人材の育成という観点からスキルアップの進め方について説明します。

人事部的な視点からは、組織における役割期待や、仕事に取り組む姿勢・意識などが中心になりますが、ここでは、オフィスワークマネジメントに関するスキルアップというテーマに絞ります。

これまで説明した通り、習得すべきテーマは大きく、①サービス仕様や制度などの業務知識、②個々の処理やオペレーション方法、③本書で説明しているオフィスワークマネジメント手法、の３つです。人材育成を計画的に進めるために、中期プランと今期プランの組み合わせをお勧めします。中期的には３年程度で複数の担当領域（チーム、課など）を経験し、問題解決や改善のリーダーを務められるようになることを目標とします。そして、今期計画として多能工化の取組みの中で複数の仕事をマスターすることを目指します。

これらを効果的に進めるためには、組織の「目標人材」を設定することをお勧めします。例えばＡさんという中堅クラスのメンバーが、業務量の変化や個別案件に関する情報をキャッチし、朝礼で情報共有しながら当日の各メンバーの動きを確認しているとします。また、Ａさんはトラブルやクレームなどの突発事象が起きた場合も、あわてずに状況を見極め、対応と事後処理を進めています。さらに、定例ミーティングでメンバーのヒヤリハット情報をうまく引き出し、そこで確認された問題点の優先順位を判断しながら改善の提案をしています。

このＡさんの姿は、同僚や後輩からはとても頼もしい存在に見えるは

図表5-5 スキル習得計画表（サンプル）

	4月	5月	6月	7月	8月	9月	下期計画
佐藤	＊会計処理	＊会計処理（完了）					＊送金手続
山田	★→鈴木：送金手続	★→鈴木：送金手続	＊データ入力	＊データ入力（完了）			
鈴木	＊送金手続	＊送金手続（完了）			★→渡辺：送金手続	★→渡辺：送金手続	
木村	★→佐藤：会計処理	★→佐藤：会計処理			★→田中：会計処理	★→田中：会計処理	★→田中：会計処理
渡辺					＊送金手続	＊送金手続（完了）	★→佐藤：送金手続
田中			★→山田：データ入力	★→山田：データ入力	＊会計処理	＊会計処理	＊会計処理（完了）

図表 4-1 図業務習得状況管理表に基づく育成計画例
＊：習得課題
★→A：A に対する指導

ずです。「Aさんのように仕事をしよう」「Aさんを目標に頑張ろう」と思わせる存在です。管理者は、このような人材を育てるよう努めるとともに、そのような働き方を奨励することを通じて、チーム全体の育成効果をアップすることができます。

業務知識やオフィスワークマネジメントに必要な知識は、座学の講義やオンライン教材を活用して習得することが可能です。その上でミスやトラブルへの対応方法、業務改善の取組みなどは実際の案件を通じて体験していきます。そして、個々の実務処理方法やシステムなどのツールの正しい使い方については、多能工化のために作成したスキルマッピングを元に各人のスキル習得計画表（**図表5-5**）を作成し、計画的にマンツーマン指導を進めます。

その際、対象者には習得の目標レベルともに、ステップアップして活躍する姿を明示して、動機付けを行います。

第5節

人材育成を効果的に進めるには

1 自らの気付きが成長の原動力

人間は他人から教えられたことよりも、自分自身の体験や気付きによって習得したことの方が長く記憶に残り、役に立つと言われています。これは、スポーツでも英語や楽器の習得でも同じです。オフィスワークマネジメント人材の育成にも、この原理を活用したいものです。

鉄道会社の研修施設で、運転士や車掌の訓練として、模擬環境の信号や車両故障の表示を見て、「何が起きているのか？」「なぜそうなったのか？」「どう対処すべきか？」を自分で考える研修を実施している事例があります。座学で勉強した知識があっても、自分の目前で「サプライズ」が起きた場合、冷静に判断して対処するのは難しいものです。したがって、このような訓練を経験することにより、知識を本当に使えるスキルへと高め、一人前の運転士や車掌が生まれるのです。

オフィスワークでもこのような訓練ができればいいのですが、リアリティに富んだ状況を作ることは困難です。したがって、実際に不具合やトラブルが起きた場合に、「なぜそうなったのか？」「起きたときはどうすればよいか？」「起きないためにはどうすればよいか？」を考える教材として活用します。トラブル修復の緊迫した場面では、ベテランや権限者を中心として迅速に対応する必要がありますが、一区切りついた時点ではその事例を教材に活用することが可能です。そして、この取組みは、失敗から学ぶ姿勢を体験し、習慣付ける機会にもなります。

日常の業務でも、「チェックリストを愚直に使えば、繁忙時でもミスを防げる」「チェック作業に集中しづらいときは、上司に断って静かな会議室に移れば安全に作業できる」「早めに応援依頼した方が、頼む方も頼まれる方も気持ちよくできる」など、本人の行動や経験を通じて得たことは良い習慣となって根付くはずです。

本章では、失敗から学ぶ姿勢が重要で、それを実行できる組織の状態が必要であることを学んできました。ぜひ、これができる環境を整え、実際に問題が起きた場合には、育成のチャンスとして活用してください。

2 「なぜ」を繰り返し気付きを促す

商品、サービスの内容や関連する法制度は、受験勉強のように知識として覚えることが可能です。一方、オフィスワークで要求される個々の処理、オペレーションについては、「なぜそうなのか？」と考えながら身に付ける方法が効果的です。「それをやらなかったらどうなるか？」と考えるのもいいでしょう。

現場の管理者と情報交換していると、「最近の若い人は教えられたことしかやらないので困る」というぼやきを聞くことがあります。もちろん、教えられたことをしっかりやれることは大切ですが、第３章第７節で紹介したレンガ職人の寓話の例で言えば、「レンガを積む」ことにしか興味がないままでは成長はありません。自分たちがどんな建物を造ろうとしているのか、それはどのように使われるのか、ということにも関心を示してもらいたいわけです。また、なにかのはずみで積んでいるレンガが曲がってしまったらどうしたらいいか、曲がらないように積むためにはどんな工夫が必要か、などにも気付いてもらいたいのです。

オフィスワークの対象は、レンガではなく情報という目に見えないもののため、自分が担当している仕事の意味や理由を考えるのには工夫が必要です。筆者は新入社員当時、信託銀行の事務部門でリストチェックなどの大量の定型作業を中心に担当していました。リスト上の株主名を原書類と照合する「ネームチェック」は「眠いチェック」と言われるほど単調な作業でしたが、私は「どうすればもっと早くできるか？」「どうすればより正確にできるか？」を考えながら取り組むように努めました。

当時の私の動機は、「できるだけ残業を減らして早く帰りたい」とか「ミスして上司から怒られるはゴメンだ」という単純で素朴なものでしたが、これらの体験はその後のマネジメントで役に立っていると感じています。さらに、「これを間違えるとどんな大変なことが起きるのか？」ということも常に意識していました。しかし、これについては業務全体が十分には見えていなかったので、限界がありました。

ぜひ、上司やリーダーはこのような問いを発しながら育成することをお勧めします。オフィスワークでは現在、ＲＰＡ導入など機械化が進んでいます。残された人間の役割はより重みを増しますので、「なぜこの確認が必要か」というポイントについて、しっかりと理解することが求められます。「機械任せ」にするのではなく、考えながら管理する人材を育てる必要があります。

単に「教える」「覚える」だけではなく、考える習慣を身に付けるためには本章第１節で紹介した「TRIZ（トリーズ）」の手法を参考にしながらゲーム感覚でディスカッションするのも一案です。工夫しながら業務や勉強会の場面で「なぜ」を繰り返す習慣を作りましょう。

3 部下を認めることで信頼関係を保つ

人間は感情を持っています。この感情が人間の能力発揮に大きく影響します。ある研究結果では、「人間は機嫌がいい（＝フローな）状態のときに最も良いパフォーマンスを発揮できる」と言われています[(*10)]。セルフマネジメントに大きく影響するスキルのため、うまくできるように練習することが奨励されています。オフィスワークマネジメントの観点からこの問題を考えると、お互いの信頼関係が「フロー状態」を作る土台であり、またこれは人材育成にとっても重要な要素と言えます。そして、組織の中でこの信頼関係を作るためには、部下の立場から見た場合に上司から「認められている」という安心感を得られているかが重要と考えられます。

これに関連する話題として、グーグルでは「心理的安全性」を重視していると言われています。組織の中で、自分の意見を率直に言うことができる安心感が、創造的な仕事を行うために最も重要だということです。このような条件を組織の中で作るためには、管理者やリーダーのトレーニングが必要でしょうが、基本は先ほど触れた「認められている」と相手に感じてもらう関係、環境を作るということと考えられます。

部下や後輩が「認められている」と感じる環境づくりの第一歩が「挨拶」や「声かけ」です。そして「おはよう」と声をかけるときは、必ず相手の顔を見てにこやかに言いましょう。ついパソコンの画面を見ながらになりかねないので、この点は強く意識します。その上で「今日は早いね！」「今日は元気そうだね！」「その後体調、どう？」など、その時々の状況で一言付け加えます。そして、業務の中で部下や後輩の仕事の成果に気付いた場合は、大きくほめてあげましょう。ファイルボックスの配列を変えただけでも、整理整頓が改善し、仕事を気持ちよくできる環境となります。「この配列で能率が上がるね！」などの声かけがモチベーションアップにつながります。

事務などのオフィスワークでは成果が見えにくく、ミスなくやり遂げて「当たり前」となってしまいがちですが、このままではモチベーションは上がらず、信頼関係も見えてきません。ぜひ「形」で表すことを強く意識し、実行してください。

ここで紹介した、「声かけ」で信頼関係を築き、人を育てる土台を作るという方法は、「コーチング」と呼ばれるビジネススキルの基本です。関連図書は多く出版されていますので一読をお勧めします。

*1：日本航空安全啓発センター　*2：東京電力ホールディングス株式会社 安全考動センター
*3：畑村洋太郎「危険不可視社会」講談社
*4：小山昇「小山昇の失敗は蜜の味」日経 BP 社
*5：野口吉昭「コンサルタントの習慣術（朝日新書）」
*6：スヴェトラーナ・ヴィスネポルスキー著　黒澤愼輔訳「故障・不具合対策の決め手」日刊工業新聞社
*7：特定非営利活動法人リスクセンス研究会　http://risk-sense.net/
*8：特定非営利活動法人リスクセンス研究会／編著「組織と個人のリスクセンスを鍛える」化学工業日報社
*9：特定非営利活動法人リスクセンス研究会／編著「組織と個人のリスクセンスを鍛える－オフィスワーク編－」化学工業日報社
*10：辻秀一「一瞬で心を切り替える技術」日本実業出版社

第５章のポイント

- オフィスワークの改善には失敗から学ぶ姿勢が重要で、起きた事実を風化させないためには、事象、経緯、影響、原因、対策などを記録して共有する仕組みを作る。
- ミス・トラブルの未然防止には、「ヒヤリハット」情報などを活用してリスクに対する「センス」を向上させる必要がある。
- 失敗から学ぶ風土を作るため、組織を健全な状態に変えていかなければならない。
- 組織の状態をチェックするには「学び」「仕組み」「行動」の３つの角度からチェックすることができる。
- オフィスワークマネジメントのプロになるには、「業務知識」「オペレーション」「オフィスワークマネジメント手法」の習得が必要。
- 計画的に人材を育成するにはスキル習得計画表を作成し、習得目標を明示して進める。
- 管理者やリーダーと担当者との信頼関係が人材育成にとって重要な要素である。

Office Work Management

これからのオフィスワークマネジメント

第1節

オフィスワークはどう変わるか

1 オフィスワークを取り巻く環境の変化

あるセミナーで、受講者に「事務のプロとはどういうイメージですか？」と質問をしたら、「黒い腕カバーをはめて仕事をしている人」という答えが返ってきました。昔はペンにインクをつけて帳簿に記入していたため、このような光景が見られました。また、筆者が信託銀行に入社したときにはソロバンと練習帳を渡されましたが、ちょうど電卓が普及し始め、実務の場面で使うことはほとんどありませんでした。

このように、オフィスワークの世界では、時代とともに使う道具が進歩し、それに伴って仕事の姿を変えてきたと言えます。ソロバンから電卓に変わった頃は、金融機関が大規模なシステム化を進めている時期でもありました。銀行間の資金移動を共通の決済システムで行えるよう、業界規模で取り組んでいました。それに伴い、他の周辺業務も順次システム化が進み、正確性と迅速性の面で大きく進化しました。

また、金融機関では機械化の効果を刈り取るために、従来、支店ごとに行っていた事務処理をセンターに集中化する動きもありました。コンピュータシステムは多額の投資を伴うため、可能な限り処理をまとめる方が効率的だからです。それに伴い、営業拠点ではお客さまとのやりとりに資源を集中することが可能となりました。機械化と集中化は金融機関の大きなテーマでしたが、証券、保険など他の業種でも同様の動きが見られました。

2005年には第２章第２節で紹介した「証券取引に伴う入力ミスが原

因で多額の損害賠償請求」が発覚し、2007年には国の年金記録に大量のミスが発見され国会で大きく取り上げられるなど、事務ミスに関する社会的な関心が高まったことがありました。さらに金融機関においては、2004年にバーゼル委員会（国際業務を営む銀行のルールを作る機関）が求めるリスク管理項目の中に、「オペレーショナルリスク」が加わったことも、事務ミス防止の問題意識を高める要因となりました。これを受けて、金融庁からも「事務リスク」への厳格な管理が求められ、金融機関の検査等でも重要視された時期がありました。

さらにほぼ同じ時期に、個人情報保護法（個人情報の保護に関する法律）が制定され、情報管理に関する体制の強化が求められたことも、オフィスワークに大きな影響を与えました。筆者が担当していた信託銀行の証券代行業務を例にとると、従来は株券などの現物管理を厳重に行うことが重要でしたが、同法の施行後は、大量の株主名簿情報そのものが厳重管理の対象に加わり、業務負荷が一挙に増大しました。

このように、社会事象や法制度の変遷に伴い、オフィスワークに関する重点テーマが姿を変えながら次第に増えてきた歴史があると言えます。

2 これからのオフィスワークの課題とは

オフィスワークの新しい課題として、2017年から本格的に取組みが始まった「働き方改革」があります。背景には、日本の少子高齢化に伴う人手不足を解消するために、育児、介護、通院などの制約がある人たちが働くチャンスを増やす必要があること、併せて、従来から指摘されていた「(日本の）ホワイトカラーの生産性が低い」ことへの対応の必要性が、主な要因としてあります。さらに、2016年に大手広告代理店に勤務する若手社員が、過労を原因に自殺に追い込まれた事件が社会問題化し、大きなきっかけにもなっています。

長時間労働の是正、多様な働き方の導入、機械化や仕事の棚卸による効率化などが政府主導でスタートし、それを受けて各企業も真剣に取り組んでいます。「ムダな会議」の削減など、すぐにできるところから着手した成功事例も多く報告されています[*1]。そして、これらの取組みの中でクローズアップされたテーマが「ワーク・ライフバランス」であり、さらに機械化を進めた後の「より付加価値の高い仕事」へのシフトの必要性です。前者については従来からさまざまな取組みがあり、人生100年時代の人間の働き方や学びの問題として具体的な施策が提唱、実施されつつあります[*2]。後者については現在模索中という状況です。大半の企業では、残業削減の定着などの足元の問題に集中せざるを得ないのが現状ではないでしょうか。

働き方改革に関する施策の一環として、「テレワーク」の活用事例も増えています。テレワークはリモートワークとも言われ、本来のオフィスではない離れた場所で仕事をすることです。自宅のほか、自宅最寄りやターミナル駅のシェアオフィスを活用し、移動時間の節約により残業削減や、育児や介護との両立を図るものです。そして、2020年に予定されていた東京オリンピック開催期間中の交通渋滞解消を目的に、政府が普及拡大に動いていましたが、同年２月頃から猛威を振るった新型コロナウイルス対策で状況が一変したことは、皆さんご存知の通りです。働き方改革のような緩慢な取組みとは異なる、災害対策等と同レベルのＢＣＰ（事業継続計画）として、急遽本格的な対応が迫られています。

金融機関は近年、キャッシュレスやフィンテックへの対応を迫られています。フィンテックは、「金融サービスを情報技術と結びつけたさまざまな革新的な動き」（日本銀行ＨＰ）と定義されており、これまでの「営業店舗でお客さまの来店を待つ」という方式を根本から覆す大きなテーマです。日本人は現金、書類、ハンコを好む傾向があるため、この新しいサービス形態が浸透するスピード感はまだ見えていないと感じますが、新型コロナウイルス対策で求められている、「非対面」「非接触」のニーズに押されて今後急速に進展する可能性があります。

そして、オフィスワークは「情報」という直接は目に見えないものを対象とした仕事であると第２章で説明しましたが、キャッシュレスやフィンテックの普及で、ますますこの傾向に拍車がかかると思われます。

第2節 定型的な業務の集中化・外注化

1 センター集中化のメリットと取組み

金融機関では定型的な処理は機械化し、その効果をさらに増すために、センターなどの専門部署に仕事を集中化する取組みが進められてきました。そして、集中化によるもう一つのメリットが、処理基準の統一と専門性の高度化です。拠点ごとで処理を行うと、同じ手続きでも受付や不備判断が不統一になるリスクがありますが、集中化すればこれらのバラツキを防ぐことができます。また、処理に必要な知識や情報を専門部署に蓄積することで、ノウハウの高度化を図ることができます。これは、特にコールセンターなどで顕著な効果が期待できます。

顧客からの問合せの内容は多岐にわたり、その中には過去の歴史的経緯や顧客属性に付随した制度理解なども含まれるため、情報を体系的に整理して回答に備える必要があります。これらを全国に点在する拠点でそれぞれに行うことは負担が大きく、また回答内容の統一性、一貫性を損なうリスクもあります。コールセンターで情報をデータベース管理しながらオペレーターが活用すれば、これらの問題を解決することができます。そしてこの取組みは、金融機関に限らず広くサービスを提供する業種に共通して見られます。

集中化を効果的に進めるためには、いくつかの条件整備が必要です。その一つがペーパレス化です。各営業拠点が紙で受け付けたものを集中センターへ送って処理をする方法が広く採用されてきましたが、この搬送には最低でも２日程度を要します。この時間的なロスを解消するには、拠点に受け付けた時点でスキャナー等でイメージデータ化して転送する、または、顧客自身が端末に入力してデジタル化して受け付ける方法があります。変換されたデータは自由に転送できるので、拠点間でのやりとりもリアルタイムで行うことができます。

集中化した場合に注意を要するのが、各拠点でのノウハウの希薄化です。受け付けてセンターに転送するだけなら必要な知識は限られますが、お客さまからの問合せに答えるのは、受付を行った各拠点の担当者です。担当者は受付後の処理そのものは行っていないので、どうしても知識不足となりがちです。「センターに確認しますので少々お待ちください」と言ってから、かなりの時間を要することも珍しくありません。

このようなサービス低下を防ぐポイントは、マニュアル等で情報を共有すること、そして情報が各拠点（現場）で使いやすい状態になっていることです。さらに、中期的な課題としてはセンターと各拠点間での人的交流（ローテーション異動等）を行うことで、相互の情報共有をより深く行うことが求められます。これを行うことにより、拠点の担当者はセンターの処理基準等を詳しく学び、また、集中センターの担当者は実際のお客さまの声を聴くことで、ニーズの実態を知ることができます。

2 専門業者への外注のポイント

集中化したうえで、その分野の専門業者へ外注する方法もあります。

外注化のメリットは、センターなどの拠点設備やそこで働く従業員の雇用負担から解放され、事業のコアの活動（商品開発、販売など）に振り向けることができる点です。また、繁閑に伴う資源調整を自ら行う必要もなくなります。外注先の会社はそれに特化して事業を展開しているため、自社内での集中化と比較した場合、専門性の大幅なレベルアップが可能です。コールセンター業務を外注する事例も、これに該当すると考えられます。

したがって、外注の際に重要なのは、その外注先が必要なノウハウ、専門性を持っているか、また、自社の機能の一部を任せるだけの信頼できる会社であるかという点です。そして、業務委託費と外注のメリットとを比較検討して採否を決めることになります。

外注先の一例として、信託銀行の証券代行業務という仕事があります。これは、本来株式会社が自ら行う株式実務を受託する仕事です。株式会社は株主名簿を管理し、株主総会で議決権を行使できる株主の確定と諸通知書の発送、配当金等の支払い、さらに株主の住所変更等の管理などの実務を行う必要があります。会社設立時には自社で行う例が多いですが、会社が大きく発展して株主が増えると実務負担が大きくなるため、外注が必要になります。また、証券取引所の株式上場の条件としても、この外注先（株主名簿管理人）の設置が義務付けられています。

そして、この株主名簿管理人（証券代行機関）の仕事の中でも、データ入力や通知の封入発送などは、さらに別の専門会社へ移されてきました。まさに外注化が進んだ事例と言えます。

また外注化と並んで共同化があります。身近な例では、複数のビール会社が空き瓶の回収を共同化した事例が該当します。地域金融機関では、システム投資の負担を軽減するために、複数の銀行が共同でコンピュータセンターを利用する動きがあります。ただし、「同業」の立場での共同化は業務上のノウハウを見せ合うことにもなるので、競争上影響のない範囲に限定されます。

外注した場合も、その仕事は本来、自社内の機能であることを忘れてはいけません。業務遂行状況に関して定期的に報告を受けることはもちろんのこと、現場の視察を含めた外注先管理が必要です。お客さまから見ればあくまで委託元本体のサービスとして受け止めるわけですから当然です。また、クレーム等のトラブルが発生した場合には、あらかじめ取り決めたルールに基づいて迅速な情報共有と連携が必要です。

そして、ノウハウの空洞化に関しては集中化以上に十分留意する必要があります。委託先からの報告内容の妥当性検証、トラブルや問題が発生した場合の的確な連携等を行うためにも、外注した業務の内容、ポイントを正しく理解した上での管理が欠かせません。外注化した業務に関するマニュアル、業務要件に関する資料を常に備え、管理可能な状態を維持する努力が必要です。

第3節 ツール、システム活用による自動化

1 エクセルマクロの活用とＲＰＡ導入の効果

モノづくりでは全自動化がすでに実現しています。これまで、日本の製造業では生産コストの低減を目的に、アジア諸国に生産拠点を移す事例が増えてきました。しかし、ノウハウの流出防止や現地特有のリスク（政変、外国企業に対する政策等）対策の観点から、国内に拠点を戻す動きも出ています。その際、生産の自動化が進めば、人件費等のコスト削減が可能となることから、デジタルカメラなどの分野で工場の完全自

動化が報じられています。

完全自動化はオフィスワークにとっても「夢」です。もしも事務作業を全て機械化できれば「事務ミスゼロ、残業ゼロ」が実現し、ハラスメントやメンタルの問題も発生しません。すでにコンピュータシステムの導入が進んだおかげで、ミス防止や省力化の恩恵を享受している面はありますが、基幹システムやサブシステムの導入は大規模なオフィスに限定され、その他の領域では人手に頼る作業が多く残されているのが実情です。これは、機械化するほどの量ではない、定型化が難しく機械化しづらいなどの理由によるものです。

一方、発生頻度は低くても作業が複雑、できる人が限られているなどの理由で、業務のネックになっている作業も多いのが実態です。また、このような状況が担当者の精神的負担として大きく影響していることも見逃せません。

この問題を改善するために活用されているのが、エクセルマクロなどを使ったEUC（End User Computing）という手法です。活用にはある程度の知識が必要ですが、システムの専門家でなくてもスキルを身に付けることが可能で、現場主導で導入・運営できることから広く利用されています。電卓で複雑な計算を繰り返す作業はミスが起きやすいですが、あらかじめ計算式をセットできれば手間もかからず、またミスを防ぐことができるのです。

さらに、近年とみに注目されているのがＲＰＡ（Robotic Process Automation）です。「事務ロボット」と言われることもありますが、パソコン作業の「自動ソフト」です。すでに経験された方もいると思いますが、いったんプログラムをセットすれば終了まで作業を継続し、システムをまたいだ処理も可能で、インターネット検索などの情報取得もできる便利な機能を持っています。機械ですから24時間働いても労働法の規制もなく、疲れることもありません。病気、メンタル、退職などのリスクもありませんし、ヒューマンエラーとも無縁です。金融機関の事務センターでの大量の入力や照合作業をＲＰＡに置き換えることで、効率化とミス防止を実現した事例が多く報告されています。

また、ＡＩ（人工知能）の活用によりＯＣＲ（光学的文字認識）の機能が向上したことで、お客さまが手書きで記入した申込書の読み取りを含めて自動化する事例も増えています。ＡＩはこのほかにも、コールセンターでの１次応答機能やオペレーターの回答サポートなどでも活用されています。今後はＲＰＡとＡＩを駆使した省力化、迅速化がオフィスワークの新しい課題と言えます。このような変化を前にすると、「人間の仕事が奪われるのでは…」と危惧する声もありますが、これからのオフィスワークは、「人間」「ＡＩ」「ＲＰＡ」それぞれの特質を活かして、三者が協働しながら一つのシステムとして機能することを目指す時代と考えられます。

これまで人手に頼っていた、打鍵入力、集計、照合などはもちろんのこと、ネット情報検索、メール発信などの作業も定型化すればＲＰＡに置き換えることが可能です。量や頻度が多いほど導入効果が増します。従来、システムの処理結果を別のシステムに反映させる仕事は人間が担っていましたが、ＲＰＡにより自動化が可能です。人手不足解消や残業削減はもちろんのこと、それで得られたパワーを付加価値の高い仕事へシフトし、働き方を変えていくことも可能になります。

営業であれば、売上等の計数の入力や集計作業から解放され、顧客ニーズの分析などのマーケティング活動に集中することが可能になります。人事部門であれば、残業時間の集計に費やしていた時間と労力を、残業削減や人材活用の企画に振り向けることができます。

機械化や自動化が進めば、これまで本来の仕事の目的ではない作業（ノンコア業務）に費やしていた資源を、本来的な目的（コア業務）にシフトすることが可能となります。仕事の価値を高める取組みについては第４節で説明します。従来は、コア業務へ資源を集中するために業務の外注化、派遣などの外的サービスの活用が行われてきました。しかし、外注は社外に業務を出すリスクと管理負担があり、また、派遣も必要な人材を安定的に確保することが難しいなどの問題が避けられません。ＲＰＡやＡＩを活用することで、業務を内製化しながら、コア業務に戦力を集中できるというメリットが期待できます。

2 ツール、システム導入の準備と検討

ＲＰＡ、さらにはＡＩの活用はオフィスワークの効率性、正確性、迅速性をアップする点で多くのメリットがあり、今後さらに活用が進むことが期待できます。働き方改革や感染症対策に関する問題解決に大きく寄与すると思われます。一方、これらの導入目的と対象業務の選定に関しては十分な検討が必要です。2016年は「ＲＰＡ元年」と言われていました。2017～18年にかけてはＲＰＡに関する書籍、セミナーも多く開催され、普及が急速に進む様相を呈していました。

ＲＰＡは基幹システムに比べて費用も準備・管理負担も軽いことから、「考えるより触れ！」といった風潮も見られます。しかし、導入後の費用対効果を疑問視するケースも報告されています。これはＲＰＡだけでなく、システム導入全般に共通する問題です。「手軽さ」のイメージで安易に考えると、高い買い物の割に効果は限定的、となりかねないので注意が必要です。

ＲＰＡの導入準備は、目的と期待効果を明確にすることから始まります。目的としては、ミス防止、コスト削減、残業削減、省力化による人員シフトなどが考えられます。そして、これらをどの程度まで実現するかという目標を設定します。特にコスト削減については、導入と管理に要するコストと比較して定量的に評価する必要があります。また、ミス

防止や人員シフトが主な目的であれば、ＲＰＡに関するコストは必要な投資と位置付けて取り組むことになります。

目標設定の際には、その前提としてミスやコストに関する現状把握や分析が必要です。これができていないと、「ビフォー・アフター」の比較評価ができません。また、分析を十分に行った結果、問題解決のためにはＲＰＡなどの自動化以前の問題として、業務プロセスや提供サービスの見直しを優先すべきことに気付く場合もあります。このような重要な問題を見落としたまま「とりあえず」機械化を進めると、お金と時間のムダ遣いとなってしまいます。

このような検討を十分に行った上で、機械化を進めるべき対象業務、作業を特定します。そして、それにふさわしいツールを検討し、その一環としてＲＰＡ導入の検討に入ります。機械化（自動化）を実現するためには、その業務の標準化が必須です。オフィスワークにおける業務標準化の必要性は第３章で説明しましたが、システム（ＲＰＡ、エクセルマクロを含む）への置き換えの際は不可欠な取組みです。ぜひ第３章で紹介した、業務標準化の取組みを活用してください。業務を「見える化」した上で、処理の手順や担当体制を見直し、さらに非定型業務の実態を分析して必要性を判断することが、システム導入そのものよりも効果が大きいことがあると考えられます。

システム開発は専門会社に依頼しますが、完成時のテストを自社で十分に行うことが必要です。ＲＰＡは24時間稼働のため、「一夜にして事務ミスを大量生産する」ような事態にならないためにも重要です。また、突然の停止などのトラブルの修復を迅速に進めるには、ＲＰＡがどの作業をどのような順番で行っているかなどの仕様を、文書で共有化しておく必要があります。外側から何も見えない「ブラックボックス化」は避けなければなりません。

これらは基幹システムやエクセルマクロを含めた、システム全般に共通の課題です。ユーザーとして、人任せにせずきちんと取り組む体制を作る必要があります。

3 導入後に必要な管理と運営

ＲＰＡ稼働後に起きる問題として、突然止まるケースが指摘されています。このトラブルは業務上の影響が大きいため、修復作業に全力を尽くさざるを得ない状況となります。異常の原因がわからなければシステム会社など、プロのサポートを受けながら解明しなければなりません。ＲＰＡはあらかじめ決められた条件で動きますので、当初設定していない条件のデータが送られると処理できずに止まります。データに不具合があったときに止まってくれればまだいいのですが、異常を検知できずに走り続けるというリスクも想定しなければなりません。

また、ＲＰＡやエクセルマクロの導入数が増えた場合は、その管理の重要性も増していきます。特にＲＰＡは複数の担当者やチームで共同して使うこともあるので、管理責任があいまいにならないように体制を作ります。ＲＰＡを「デジタルレイバー」と位置付け、あたかも社員と同じように、それぞれの機能、役割、所属を一覧にして管理します。またその際に重要なポイントとして、それぞれのＲＰＡがどのデータを扱えるかという権限についても明記します。特に、人事情報、顧客情報、機微情報に関する権限は厳密に管理する必要があります。

法令改正や取引条件変更等に伴う作業方法や処理基準の更改が必要な場合は、速やかにＲＰＡやエクセルマクロのメンテナンスを行います。複数のツールに影響が及ぶ場合は、漏れがあるとミスの原因になります。この点は第４章第３節で説明した、マニュアルや手順書の更改と同様です。これらの管理を一貫性のあるものとして実行できるよう、責任体制と情報連携体制を作る必要があります。

第**4**節

付加価値の高い仕事を目指す

1 生産性アップの取組みは付加価値を増す

生産性をアップする目的は残業の削減にとどまらず、既存業務の必要人員削減によって捻出した資源を活用して、より価値の高い仕事に取り組むことです（**図表6-1**）。

「生産性の向上」や「業務の効率化」に反対する人はいないでしょうが、そもそも、何を目的に取り組むかを明確にすることを忘れてはいけません。残業削減だけを達成しようとすると、サービス低下と年収ダウンが待ち受けていることは、第４章第５節で説明した通りです。また、米国のように労働市場の流動化が進んでいる国であれば、削減した人員のカット（解雇）を「出口」にすることも可能です。一方、日本では生産性向上で捻出したマンパワーは、他の仕事に転用して活用します。

ＲＰＡなどを活用して定型業務を自動化できれば、入力や照合などの単純労働から解放され、より「やりがい」を感じる仕事に取り組むことが可能になります。また、この「やりがいのある仕事」は付加価値を増す仕事でもあり、企業の業績をさらに向上する裏付けともなります。まさに、経営と現場がともにハッピーになれるチャンスと言えます。

より付加価値の高い仕事とは、言い換えればお客さまにより高いお金で買っていただける、または、より多くのお客さまに買っていただける商品やサービスを作ることにつながります。これを可能にするには、マーケティング戦略の策定と計画的な実行が必要です。市場やライバルの状況を調査し、自社の強み、弱みを分析しながら、「だれに、何を、ど

図表6-1　より付加価値の高い仕事を目指す

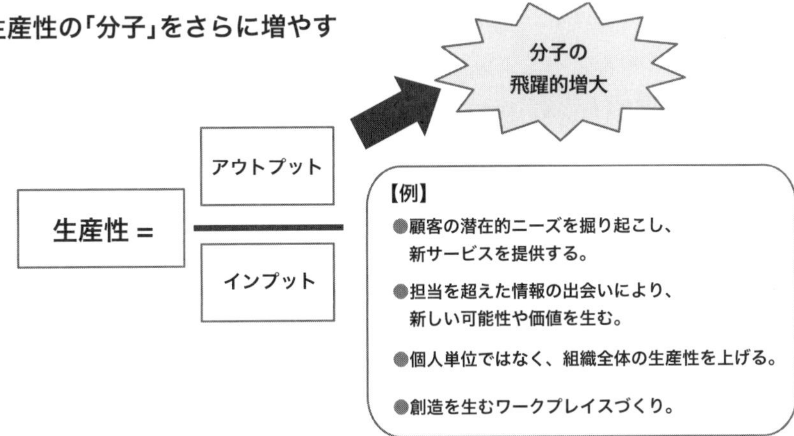

のように売る（提供する）のか」を検討します。ミスやトラブルを防ぎ、業務標準化と多能工化、さらに業務プロセスの改善を通じて生産性をアップする取組みは、付加価値を増すための活動により注力するための土台づくりでもあるのです。

2　クレーム情報は顧客ニーズの宝庫

より付加価値の高い仕事に取り組むというテーマに関連して、「イノベーション」というキーワードに触れる場面が増えました。「革新」という、大きなレベルで新しいものを生み出す概念ですが、最近では「イノベーション推進室」など、会社の組織の名称にも使われています。働き方や仕事のやり方をレベルアップして、新しいものに取り組もうという姿勢が求められています。しかし、オフィスワークを担当する人たちが「ＲＰＡを導入したのだから、明日からイノベーションに取り組んでください」と言われても戸惑うでしょう。

改善の結果得られた時間や人員を活用して、付加価値を高める一つのアプローチとして、第４章第４節でも紹介した「ＱＣＤ（品質、コスト、納期）」の観点から改善を進めることをお勧めします。「品質」については、新しいニーズを敏感に感じ取り、それにどう応えるかという観点で考えます。「コスト」や「納期」は自社にとってより効率的な提供体制を作ると同時に、お客さまにとっても「より安く、より早く」というサービス向上を目指します。このような取組みの多くは、従来、定型作業の負担に押されて後回しになっていたものです。なかなか手を付けられなかった重要な仕事が、お客さまにとっての価値となり、その結果、自社の業績アップにつながります。

付加価値を高めるための一つの取組みが、お客さまからのクレーム情報の分析と改善です。クレームはリスクマネジメントの対象として扱われますが、実は顧客ニーズの宝庫でもあるのです。第４章第５節でも紹介した、既取引先を大切にして中長期的な観点で収益を考える視点に立てば、クレームに秘められている既存客のニーズやバックグラウンドが、サービス改善を通じて競合に打ち勝つための有益なヒントとなるはずです。また、パラダイムシフトと言われるように、性別や年齢についての考え方など、価値観や基準は時間の経過とともにどんどん変わっています。この変化に乗り遅れないためにも、社外からの声を活用してサービス向上に取り組む必要があります。

3 新しい価値創造の土台はエンゲージメント

お客さまの声を手がかりに、さらに価値あるサービスの提供を目指していくためには、経営と従業員がともに「新しいことを学び、チャレンジする」積極的な姿勢を持つことが求められます。そのためには、まず相互の信頼関係を作ることが必要です。イノベーションと並んで最近取り上げられるキーワードに、「（従業員）エンゲージメント」があります。

これは、会社と従業員が共通の目標に向かって歩むための信頼関係と考えられます。そしてこれを実現するには、会社が目指していることをわかりやすい言葉で従業員と共有するとともに、個々の従業員のライフプランと会社の目標との接点を確認することです。

第５章第２節で、健全な組織づくりのためには、組織の現状認識に関する「上級管理職（部長クラス）」「中間管理職（課長クラス）」「一般実務職（担当者）」の３つの職階層間のギャップに着目する必要があると説明しました。そして、これは会社と従業員の信頼関係を築く上でも重要な要因です。また、上司の「マネジメント」に関しても、「会社の方針をいかに末端まで浸透させるか？」という一方通行ではなく、これからは「部下が上司の支援を受けていると感じてもらえるか？」という観点から評価されるべきであるとも言われています。

これまで紹介されているイノベーションの成功事例からは、「やろう！」という強い想いを持ち続け、複数の当事者を巻き込みながら既存の仕組みを組み合わせて活用するという共通点が見えます[*3]。表面的な合意だけでは不十分で、「共感」「共振」と言える状況を作る必要があります。

あるセミナーで産業廃棄物会社の社長の話を伺う機会がありました。創業者である父親の「ゴミを100%再生できる会社にしたい」という志を受け、「１年限定見習い社長」からスタートしながらも、「地域に受け入れられる会社にしたい」「社員の子供が親の仕事を誇りに感じる会社にしたい」という強い想いでその夢を実現した熱意と努力に心を打たれました。この素晴らしいビジョンの裏側では、社長就任早々に半年で社員の４割が辞める、土壌汚染での風評被害に悩まされる、などの数々のご苦労があったようですが、社長の「想い」に共感する社員を増やし、また、地域との共存を目指したことが成功につながったとのことです。オフィスワークを通じて新しい価値創造に向かう信頼関係（従業員エンゲージメント）と共感を築くために参考にしたい事例です。

第５節 テレワークの拡大と課題

1 働き方改革、感染症対策としてのテレワークの現状

テレワーク（リモートワーク）は働き方改革に貢献するテーマとして取組み事例が増え、その後、東京オリンピック開催時の交通ラッシュ対策としても必要性が指摘されてきました。そして2020年には、新型コロナウイルス問題の発生で、感染症予防対策としてドラスティックに普及が進んでいます。これまでの新聞報道等からは「働く女性は歓迎、管理職は困惑、会社は課題山積」という姿が見えます。仕事を持つ女性の約７割が、「在宅勤務を継続したい」との結果が報じられています[*4]。仕事と家事の両立がやりやすい、電話や打ち合わせで中断されることなく仕事に集中できる、など在宅勤務のメリットが発揮されています。

一方で、管理職クラスへのアンケートでは「上司や部下の動きが見えない」などの理由で苦労が多い、との意見が出されています。中間管理職は幹部層と現場の「つなぎ」としてのミッションを果たしているだけに、お互いの姿が見えない状況でマネジメントするのは至難の業です。そして管理職は、自らのチームや自分自身のパフォーマンスをどう評価、管理していくべきか、大変悩ましい状況に置かれています。

さらに、経営者を対象としたアンケートでは、約７割が「効率が落ちた」と回答しています[*5]。これまで、立場やセクションをまたいで社員が集まってディスカッションすることを通じて、意見を調整し、新し

いアイディアを生んできた実績があります。これができない状態では、経営としての危機感が高まるのも当然と言えます。また、テレワークに対する取組み方針は企業の規模や業種によっても大きく異なります。小規模企業では導入に消極的という調査結果も報じられている一方[(*6)]、すでに約７割の従業員を在宅勤務とした上で、今後も継続すると宣言している大企業もあります[(*7)]。

そして、利用者の立場では残念ながら確実にサービスが低下しています。フリーダイヤルやウェブサイト等でのサポートサービスでは、感染予防を目的としたスタッフ交替勤務のため、サービス提供時間を短縮した結果、レスポンスが悪化している点を説明、謝罪しています。また、海外とのモノ、ヒトの移動が制限されているため、物流面の影響も発生しています。

新型コロナウイルス問題が発生する約１年前、筆者は通勤ラッシュで満員のＪＲ中央線が重そうに次から次へと走る光景を見ながら、「この移動がなくなれば、生産性は爆発的にアップするのでは…」と空想したことがありました。その後、コロナ問題で突如在宅勤務が普及し、地球規模での課題となっています。そしてこれまでの状況としては一定の成果を実感しながら、多くの課題が浮き彫りになっています。今後のオフィスワークの姿を考えると、感染症問題はある程度の変動を伴いながらも長期化することを前提に対策を考える必要があります。

これは一時的な対策や、非常時に備えるＢＣＰ（業務継続計画）としてだけではなく、「新常態（ニュー・ノーマル）」と言われる新しいビジネス環境の課題として取り組む必要があると考えます。在宅勤務を新常態として継続するためには、お客さまへのサービス低下や従業員のモチベーション低下を防ぐことが必須です。そしてこの取組みが、オフィスワークがこれまでの「働き方改革」などに象徴される問題を大きく改善できる可能性を秘めていると考えます。

2 テレワーク導入に伴う課題

感染症予防対策は今後も必要と想定されることから、テレワーク、中でも在宅勤務を前提とした業務運営体制づくりが必要です。2020年の新型コロナウイルス警戒宣言発令に伴い、緊急事態対応として在宅勤務を経験した方も多いと思いますが、今後はさらに腰を据えて取り組む必要がありそうです。

一方、金融機関など、業務の内容によっては在宅勤務の導入が難しいのも事実です。例えば、金融機関の店頭業務はその社会的使命から営業店での対面業務の継続が求められています。また、事務センターやコールセンターの仕事は、専用端末等のインフラや情報管理の面から、拠点施設外で行うことには大きな制約があります。今後これらの問題を解決するためには、フィンテックの普及や「紙とハンコ」を不要とする電子決済導入などが前提条件となります。また、これらが促進されれば、事務センターではＲＰＡ活用などの機械化が大幅に進む可能性もあります。

環境変化に伴う将来像を描きながら、足元の問題にしっかりと取り組んでいく必要があります。在宅勤務比率の目標が課せられるケースも増えていますが、業務要件やインフラの状況から、「できる業務」と「できない業務」の切り分けは避けられません。その上で在宅勤務者とオフィス勤務者相互のコミュニケーションを確保するためのインフラ配備と運営づくりが必要です。

パソコンを使えば、チャット、メール、電子掲示板、オンライン会議などが活用できます。これらの機能をうまく組み合わせながら、確実な情報共有と円滑な意思疎通を図る必要があります。また、デジタルツールと電話（アナログ）をうまく使い分けるのも効果的です。チャットでやりとりしているうちに、説明項目が増えた場合はメールに切り替える、一つの案件で長引く場合は、電話やオンライン打ち合わせをはさむ、関係当事者が増えてきたらオンライン会議を開くなど、目安を決めてより効果的な運営を目指します。

対面で会話する場合でも、「(自分が) 言った」と思っていても「(相手が) 理解した」とは限りません。それでも相手の表情や動きが見えれば、理解の程度を推察することが可能です。しかし、在宅勤務などのリモート状態では、このような情報がほとんど得られないため、アンテナを立てて確認しながら仕事を進める必要があります。

業務上のコミュニケーションを確実に行うためには、仕事の内容や手順を明確にして共有することが前提として必要です。また、交代出社など担当メンバーの入れ替わりがあるときに求められるのが、「いつ、だれがやっても同じアウトプットが出せる」体制です。第４章第１節で説明した多能工化を進めておけば、交代出社等の場面で効果を発揮することが期待できます。

業務標準化と多能工化は、今後の在宅勤務体制の拡大に備えるためにぜひ必要な取組みです。先ほどの交代出社の問題と併せ、生産性とサービスの維持・向上のために活用をお勧めします。そして、第３章第７節で説明した、全体業務フローとサービスサプライチェーンの観点で業務全体像の可視化と共有化ができていれば、リモートワーク環境でも効率的かつ的確に業務を行うことが可能です。

これまでの実績から、在宅勤務では資料作成等、集中力が必要な仕事が進めやすいと感じた人が多いと報告されています。このことから、在宅勤務者が中心となって、手順書整備等の業務標準化に取り組むのも一案です。

さらに今後の大きな課題の一つが、仕事の評価や人材育成の問題です。日本のオフィスでは個別のアウトプット以上に、チームワークへの貢献などの「仕事ぶり」に評価のウエイトが置かれてきました。リモートワークではこの部分が見えにくいため、上司も部下も不安になり、また困惑します。そこで、各人の業務要件を明記した「ジョブディスクリプション」（職務記述書）の必要性が高まります。これを実現するためにも、第３章で説明した業務標準化は必須条件です。新型コロナウイルス問題を契機に、本来必要であったものが改めて具体的に認識されつつあるのです。

また、研修や育成の取組み方も大きく変わってきます。従来は社員研修をはじめ、階層別、技能別などの目的ごとに集合研修が実施されてきましたが、リモート環境ではオンラインを活用した自習型をベースに組み立てる必要があります。新入社員研修を自習中心に実施したところ、意欲的な社員については従来以上の成果を得られたという事例も紹介されていますので、事前の動機付けをしっかり行えば効果を上げることも可能と考えられます。

これも、「勉強は自分のためにするもの」という原点に一度立ち返るチャンスとも考えられます。一方、テレワーク環境でＯＪＴ（On the Job Training ＝職場内訓練）を進めるのは大変難しいと言わざるを得ません。書類作成や定型的なオペレーションであればある程度可能ですが、接客のような実践についてはかなり工夫が求められる状況です。したがって、当面は対面型とオンライン型を組み合わせながら効果的な手法を探る必要があると考えられます。

3　テレワークで成果を出すための知恵と技

在宅勤務はあくまで会社の仕事の一環ですから、そのマネジメントの責任は会社（雇用主）にあります。しかし、実態としては個人がオフィスを離れて一人で仕事をしているので、「会社任せ」だけではうまく進みません。個人の立場からも工夫や努力が必要です。

この問題を一言で言うならば「セルフマネジメント（自己管理）」に

尽きると思います。時間、心身の状態、家族との関係がうまく管理できていなければ、仕事に集中して良いパフォーマンスを出すことはできないからです。したがって、この問題も本来は働く場所を問わず必要だったことが、在宅勤務問題をきっかけにクローズアップされたと考えられます。

在宅勤務を始めて多くの方が苦労するのが、一日の中での時間管理や公私のけじめです。そこでまずお勧めしたいのが、自分の「標準時間割」を作り、仕事とプライベートの時間の「型」を決めて生活リズムを確立することです。まず起床と就寝の時刻を決め、次に体操、散歩、仕事、自己啓発、ティータイム、読書、などと時間を割り振ります。気分転換にマインドフルネスのようなものを織り込むのもいいでしょう。在宅勤務で生活が不規則になったという話も聞きますが、上司からの「ちょっと一杯」の誘いや取引先との接待もないので、実にもったいない話です。在宅勤務は自分のリズムを作り、健康で快適な生活を実現するチャンスなのです。

業務では、「これは明日まで」「これは今週中」などの期限があり、それに対応しながらも、突発的な相談や対応も求められます。したがって、まずは月、週、日の単位で期日管理と時間配分を行い、その上で突発事象への対応や予定時間を超過して対応しなければならない場合の調整をします。これもオフィスで仕事する場合も同じですが、在宅勤務では自分でコントロールできる度合いが増す反面、責任も大きくなります。

人間はＲＰＡのような機械ではないので、仕事を始めても調子が出ないこともあります。また配分した時間通りに進むか不安を感じるときもあるでしょう。そこでお勧めしたいのがタイムトラッカーとタイマーの活用です。タイムトラッカーは、何にどれだけ時間を使ったかを記録するもので、現在ではスマートフォンアプリで簡単に利用できます。知的労働のあり方を提唱したアメリカの経営学者、ピーター・ドラッカーは

「汝の時間を知れ」と説いています。これは自分が実際に使っている時間を記録して省みることが時間管理の第一歩、という教えです。

「いつの間にか１万円使っていた」という人はあまりいないと思いますが、「いつの間にか１時間経っていた」ということは、だれしも経験することです。お金については家計簿や小遣い帳を使う人は多いと思いますが、時間について記録を取る人はあまり見かけません。しかしドラッカーの教えにあるように、記録して初めて自分の行動を客観的に知り、それが改善の第一歩となるのです。タイムトラッキングのアプリで記録することを習慣化すると、「これからは何をする時間なのか」を明確に意識するようになります。これは、買い物をするときに「3,000円以内で…」と予算を決めてお店に入るのと同じです。記録の分析が面倒な方も、ぜひこの「時間の予算」を決めることをお勧めします。

その上で、タイマーを活用します。これも最近はスマートフォンのアプリで手軽に使えます。例えば一つの資料を作成する場合、「予算」の時間を決め、その範囲で完成させるための作戦を３分で考えます。このようにして、作戦の手応えを最初の５分で確認し、もし作戦を変更した方がよさそうなら早めに手を打ちます。このようにしてやり方が決まれば、最初の15分間はひたすら集中して取り組みます。あとは15分から30分単位でラップを管理しながら、予算の時間内で終われるように頑張ります。

ここで一つ重要なポイントは、クタクタになる前に５分から10分程度休憩するということです。自分のコンディションに合わせたマネジメントができるという点は、在宅勤務の大きなメリットです。また、疲労や眠気を感じたら15分程度仮眠することも効果的です。さらに、「考える仕事」と「庶務的な仕事」をうまく組み合わせるなど、そのときのコンディションを見ながらパフォーマンスをコントロールする工夫も可能です。

4 テレワークで成果を出す体調とモチベーションの管理

時間管理と並んで重要なのは、体調とモチベーションのコントロールです。これこそ自分でやらなければだれもやってくれません。先ほど説明した規則正しい生活が体調管理の基本です。「コロナ太り」や「在宅勤務でタバコの本数が増えた」という人もいるようなので、毎日の生活の中に、ぜひ散歩や室内トレーニングを入れることをお勧めします。在宅勤務は、飲み会や「ヤニ友」の誘惑もないので、禁煙にとって好都合の環境です。また、スマートフォンのアプリなどを活用してアルコール摂取量を管理することも可能です。これらの工夫と努力を通じて、自己管理能力をアップするチャンスとしたいものです。

その日のパフォーマンスを自分で評価する習慣も必要です。なぜなら、1人で仕事をしていると褒めてくれる人が周囲にいないからです。簡単な日記、独り言を添えてもいいと思います。オフィスで仕事をしていても褒められる場面は限られていますから、仕事の中でモチベーションをコントロールするために本来必要なことと言えます。同僚とのチャットも活用しながら、気分転換とモチベーションアップに努めましょう。

在宅勤務を成功に導くために欠かせないのが、家族の理解・協力です。これは、家族構成や家族内に他の在宅勤務者がいるかどうかで条件が異なります。まずお勧めしたいのは、家庭内でも「朝礼」を行うことです。その日の行動予定と時間配分、仕事のピークがどのタイミングで来るのかなどの状況を伝えることにより、家族の協力も得やすくなります。そして、在宅勤務は少なくとも通勤時間が節約できた分、家事や家族と共に過ごす時間を増やすことが可能ですから、家族との相互理解を深めるチャンスとしてもぜひ活用したいものです。

以上のポイントはいずれも、本来自分自身のマネジメントとして必要なことばかりです。突然の在宅勤務に伴い急浮上してきた経緯はありますが、働き方とライフスタイルのレベルアップにつながると考えて、積極的に取り組んでください。その上で、在宅勤務をより効果的に継続するために必要な条件整備については、積極的に上司や会社に提案しましょう。個人と会社の協力関係、信頼関係が、「生産性とサービスを低下させない在宅勤務」の土台となるのです。

*1：「60の先進事例で学ぶ本当の働き方改革」日経 BP ムック
*2：宮崎敬・佐貫総一郎「現場からはじめる働き方改革」金融財政事情研究会
*3：野中郁次郎・西原文乃著「イノベーションを起こす組織」日経 BP 社
*4：日本経済新聞2020/5/18朝刊　*5：日本経済新聞2020/6/21朝刊
*6：日本経済新聞2020/4/25朝刊　*7：日本経済新聞2020/5/9電子版

第６章のポイント

- キャッシュレスやフィンテックの普及に伴い、オフィスワークにおける仕事の対象はますます目に見えにくくなりつつある。
- 事務のセンターへの集中化に伴う各現場でのノウハウの希薄化に注意し、マニュアル等による情報の共有化に努めることが必要。
- 業務を外注化する場合は、ノウハウと管理の空洞化に注意が求められる。
- ＲＰＡやＡＩの活用はオフィスワークの効率性、正確性、迅速性の向上に今後さらに活躍が期待される。
- 付加価値の高い仕事を可能にするには、マーケティング戦略の策定と計画的な実行が不可欠。
- 付加価値は「ＱＣＤ（品質、コスト、納期）」の観点から改善を検討するとよい。
- 新型コロナウイルス対策としてのテレワーク導入が拡大する中、オフィスワークの標準化やメンバーの多能工化の取組みを通じてサービスと生産性維持の向上に努める必要がある。

終　章

1 ミス・トラブルと残業が削減されたA社X支店

A銀行X支店は、今月、ボーナスシーズンの稼ぎ時です。今年もキャンペーン期間中の営業成績を上げようと、全員張り切っています。昼の時間帯は振込や口座振替の手続きを含め、窓口は繁忙状態です。そこで、今期から受付後の確認作業には早見表とチェックリストを活用しています。これは、毎週の定例ミーティングで大久保さんが提案し、皆で意見を出し合って作りました。本部へ事例報告したところ評価され、その後は全店にも普及したようです。

今日の朝礼では、「外回りの営業担当者から回付されるお客さまの取引申込書に特例扱いが必要なケースは、ここに赤い付箋で注意書きが表示されます」とリーダーの神田さんから報告がありました。伝達方法が統一されたので、特記事項を見落とす心配がなくなりました。

閉店後、大久保さんが本日受付分の取引書類の整理をしていたところ、渋谷課長から、「大久保さん、書庫の整理ありがとう。お客さまに渡す

説明書類を探すときにわかりやすくなったよ」と声をかけられました。最近書庫が乱雑で気になっていたので、昨日の夕方、スタッフの大塚さんと配列を変えて置き場の表示を追加するなど、整理してみました。さっそく課長が気付いてくれて、うれしくなりました。

このようなちょっとした改善に取り組む時間や気持ちの余裕が出てくるまでには、いろいろな苦労があったのも事実です。まず、ミスが発生した場合は必ず対策会議が開かれるようになりました。しかも、通り一遍の打ち合わせではなく、なぜそれが起きたのかをホワイトボードを使って分析しています。使っている帳票、人繰り、業務の習熟状況など、さまざまな切り口から問題がないかを議論します。その上で、効果がありそうな対策を付箋に書き出して整理する方法も習慣となってきました。その成果として、1年前と比べると、ミスやトラブルがずいぶんと減ってきました。

また、残業削減についても「なぜ残業になるのか？」を検討するプロジェクトがスタートしました。「外回りの営業者の指示書記入が不統一で、確認のため帰社を待っている」「端末入力後の検証が滞っている」「店頭でお客さまから受け取った依頼書に記入漏れが多い」など、いくつか影響の大きい項目が浮かび上がりました。それぞれ対策を検討し、営業担当者も交えて改善に取り組んだ結果、最近ではムダな仕事が大幅に減り、6時退社も無理なく実現できるようになりました。

このような取組みが定着化した背景には、大崎支店長から「まず改善に取り組もう！　そのための残業はＯＫ」という方針が打ち出され、「残業削減方針」の下でも必要な取組みの時間を確保できる環境が整ったことがあります。これまで、本部や上司からの指示が「あれも、これも」に見えて混乱することがありましたが、最近は、かなりわかりやすくなってきました。

2　サービスの信頼度が増した事務センター

A社事務センターのある日の朝礼です。中堅クラスの高田さんから「先月の異動で為替取引の検印者が１人減になっていますが、先週から取引量が増えています。検印でのチェックが手薄にならないよう、回付する時間を30分早めた方がいいと思います」との提案がありました。それを受けて神田課長からも「今、高田さんからいい提案がありました。ぜひ実行しましょう。また、為替取引が増えている影響で手が足りないときは、すぐ私に報告してください。今後は業務習得計画の中で、為替取引の検印を新しく担当してもらう人を任命しますからよろしく」との方針も示されました。

事務センターでは、ベテランの目黒さんが転出したあと、手順書整備の重要性が認識され、今期の業務計画の中でも重要課題となっています。毎日の忙しい状況の中で取り組むのは容易ではありませんが、担当体制とスケジュールを決め、それぞれ１週間で作業時間を確保するよう工夫しています。なかにはフローチャート作成や手順書に添える帳票サンプルの取りまとめについて手際のよい人もいるので、定例ミーティングでは「好事例紹介」のコーナーを設けて励まし合いながら進めています。この取組みが開始されたことで、仕事の手順に関する「個人ノート」は使わないルールが徹底されるようになりました。そして手順書を活用しながら、「一人３種目」を合言葉に、できる仕事を増やす取組みも進められています。その効果として、夏休みなどの休暇の際の引継ぎも、以前よりも楽に進められるようになりました。

これらの取組みで、事務センターでもミスやトラブルは以前よりも減ってきました。しかし、集中化方針に伴い、各支店から送られてくる事務処理が増えているため、「ミスゼロ」の実現までにはまだ時間を要する状況です。そこで、今期は「件数は半減、重大事故はゼロ」を目標としています。本部からの報告では、顧客満足度アンケートの結果も前回よりアップしたとのことです。気持ちよく仕事ができ、その結果がお客さまに信頼されるサービスにつながっていくことの喜びを感じる人が少しずつ増えています。

本部への報告資料作成など、テレワークでできる仕事を中心に、在宅勤務者も増えてきました。手順書があれば自宅でも安心して仕事ができます。新しい仕事、働き方に向かっての第一歩が始まっています。

宮﨑　敬（みやざき たかし）

株式会社オフィスソリューション 代表取締役

1955年東京都生まれ。1979年早稲田大学法学部卒業後、三菱信託銀行（現 三菱UFJ信託銀行）に入社。証券代行、外国証券管理等の事務サービス領域でのマネジメントを多数経験する。

2004年からは同社関連会社常務取締役の立場で研修、事務受託等の複数の事業経営にあたるとともに、社内講師としても高評価を得ながら「事務管理者用ロジカル・シンキング」など数々の研修科目を開発した。

2016年、定年退職の翌日に株式会社オフィスソリューションを設立し、「オフィスの笑顔、お客様の満足、そして、経営の未来をつくる！」のコンセプトで研修、コンサルタントなどのサービスを提供しながら現在に至る。

信託銀行グループ在職中に、事務マネジメントに関するノウハウを体系化して「事務学」として社内出版したことを契機に、社内外での講演、研修、業務改善プロジェクト指導を多数経験。さらに研究を深めるため、2011年に早稲田大学理工学術院創造理工学研究科経営デザイン専攻にて修士課程（経営工学）を修了した。現在は、以下の研究会に所属しながら、経営と実務への貢献を目標に研究活動に励んでいる。

研究活動

公益社団法人日本経営工学会　http://www.jimanet.jp/
一般社団法人日本品質管理学会　https://www.jsqc.org/index.php
一般社団法人日本システムデザイン学会　https://www.sdsj.sci.waseda.ac.jp/

主な著書

『事務ミスを防ぐ知恵と技術』（近代セールス社 2009年）
『事務のプロはこうして育てる』（近代セールス社 2013年）
『組織と個人のリスクセンスを鍛える ―オフィスワーク編―』（化学工業日報社　共著 2017年）
『現場からはじめる働き方改革』（金融財政事情研究会　共著 2019年）

〈株式会社オフィスソリューション〉

設立：2016年10月
本社登記住所：東京都武蔵野市（活動はウェブ上でのバーチャルオフィス）
代表取締役：宮﨑　敬
事業内容：

・オフィス領域の業務における事故防止および生産性向上に関するコンサルタント業務
・上記に関連する、講演、研修、セミナー等の企画および開催
・上記に関連する研究、執筆

Mail：info@office-sol.com
URL：https://www.office-sol.com/

これからの オフィスワークマネジメント

2021年３月12日　初版発行

著　者——宮﨑　敬

発行者——楠 真一郎

発　行——株式会社近代セールス社

〒165-0026　東京都中野区新井2-10-11　ヤシマ1804ビル４階
電話：03-6866-7586　FAX：03-6866-7596

DTP・デザイン——井上　亮

図版・イラスト——伊東ぢゅん子

印刷・製本————三松堂株式会社

ISBN 978-4-7650-2202-6